女風당당

박근혜

女風당당 박근혜

초판 1쇄 발행 2012년 7월 20일
초판 2쇄 발행 2012년 8월 08일

지 은 이	김대우 · 김구철
감　　수	이선종
발 행 인	권선복
편　　집	오성용 · 김정웅
디 자 인	최새롬
사　　진	한연식 · 류성현
전 자 책	박소은
마 케 팅	서선교
발 행 처	도서출판 행복에너지
출판등록	제315-2011-000035호
주　　소	(157-010) 서울특별시 강서구 화곡동 24-322
전　　화	0505-666-5555
팩　　스	0303-0799-1560
홈페이지	www.happybook.or.kr
이 메 일	ksb6133@naver.com

값 15,000원
ISBN 978-89-97580-21-7 03340

도서출판 행복에너지는 독자 여러분의 아이디어와 원고 투고를 기다립니다. 책으로 만들기를 원하는 콘텐츠가 있으신 분은 이메일이나 홈페이지를 통해 간단한 기획서와 기획의도, 연락처 등을 보내주십시오. 행복에너지의 문은 언제나 활짝 열려 있습니다.

女風당당

박근혜

도서
출판 행복에너지

책을 내면서

D-150일의 대선, 성벽에는 중무장한 남성들이 제각기 사다리를 걸치고 갈고리를 던지면서 기어오른다. 그중의 몇 명은 살아남아서 성문을 열어젖힐 것이다. 마지막까지 붉은 깃발을 지킬 의무가 오직 한 명의 여전사 박근혜에게 부여되어 있다.

지난 8년은, 그녀에게 30~40대의 노출되지 않은 세월보다 더한 인내를 요구했다. 당 간판을 뽑아 들고 한강변 천막 생활을 자청했으며, 치명적인 테러에서도 살아남았다. 당명과 색깔을 바꾸면서까지 고사 직전의 당을 재건해 냈다. 하지만 총선에서 살려놓은 당에 대선 시즌만 되면 은밀하게 배신을 꿈꾸며 흠집을 찾는 짝짓기 그룹이 기생한다.

믿었던 당의 경선에서 패했던 2007년과, 비당권파가 집요하게 요구하는 2012년 경선규정 시비가 닮아있다. 성문 밖에는 나오기만 기다리는 출신 성분이 다른 혼성부대의 포위망. 아버지의 이름으로 활로를 열고 어머니의 향수로 원군을 도모해야 하는 고독한 전투다.

"정치인을 제대로 판단하려면 그의 이야기에 귀를 막고, 그가 한 선택만 보면 된다." 안철수가 박경철과의 대담에서 한 이 말처럼 아직 박근혜의 선택을 지켜볼 시간은 충분하다.

5년 전 방미했던 박근혜의 Harvard 대학 연설 마지막은, "저의 목표는 단지 하나입니다. 위기의 조국을 구하는 것입니다.I'm in to save my country" 였다. 당시 연설문에서 '한·미 FTA 체결'문제와 '당의 소중한 보배'라고 소개했던 Harvard졸업생 Kennedy School of Government 3명(박진, 권영세, 박재완)이 현역 의원 아닌 것과, 당이 야당에서 여당으로 바뀌고 당명과 색깔이 바뀐 사실 말고는 변한 게 없다.

여전히 조국은 위기 국면이다. 국회는 자격시비로, 방송은 파업으로, 연령별·계층별·직업별·지역별로 생각이 다른 집단들에 의해 국론은 아침저녁 난도질 당하고 있다. 진보란 이름으로 폭력이 용인되고 나약한 보수가 눈치를 보는 나라. 각자의 지분만큼 시대정신을 좀먹는 분열의 시대다. 누군가가 새 기풍으로 나라정신을 일으켜 세워야만 할 때가 왔다.

2011년 말 서청원이 이끄는 '청산회'(산악회) 송년의 밤 행사에, 유정복 의원이 들고 간 박근혜의 메시지는 "의리가 없으면 인간도 아니다."는 경고였다. 어차피 떠날 사람은 떠나고 남은 사람은 당의 깃발을 사수하는 게 도리이자 의리다. 누가 가고 누가 남을지 아직은 모른다.

이 『위풍당당 박근혜』는 저자의 『박근혜 카리스마 2007년』『박근혜와 커피 한잔 2010년』『안철수의 강심장과 박근혜DNA 2011년』에 이은 4번째 책 출간이다. 이 책의 마지막 장이, 평소 정치적 이슈를 교감해 오던 김구철 TV조선 책임PD의 직필로 더해지며 공저 형식으로 된 것도 하나의 좋은 시도였다고 생각한다.

끝으로 출간에 이르기까지 노고를 아끼지 않은 도서출판 행복에너지 권선복 대표에게 감사의 인사를 전한다. 또한 박정환 회장과 (주)타임즈코어 이덕수 회장의 전폭적인 지원에도 감사의 마음을 전한다. 이분들의 노력 덕분에 좋은 책이 만들어 질 수 있었다.

2012년 7월 저자

차 례

용석의, 칼러본능〈
용석의 칼러본능〈2〉
분노 유발 전략
격수 박지원의 화술
글쎄요, 그럴 일이··
노풍은 남해로부터
주목받는 히든카드
지도자의 결단이란

제1장
분노유발과 연민

강용석의
킬러본능〈1〉

그는 비록 19대 총선에 참패했지만 저격수의 역할을 포기한 기미는 없다. 다시 대권주자 누군가를 저격하기 위해 조준경의 렌즈를 닦고 있다. "나의 정치생명은 안철수를 쓰러뜨릴 수 있느냐 여부"라고 스스로 블로그를 통해 공언한 적이 있기 때문이다. 그 역할을 포기할 명분이 없는 한 총을 놓지 않을 것이다.

"선거에 떨어지면 ×도 아니다"

일본 중의원 의장을 지낸 거물 오노 반보쿠大野伴睦란 자는, "원숭이는 나무에서 떨어져도 원숭이지만, 국회의원은 선거에 떨어지면 ×도 아니다."라는 불멸의 명언을 남겼다.(박정희 대통령 취임식 당시 자민당 부총재로 온 경축특사. 1962년 서울에서 박 대통령과 두 차례 회담했던 친한파) 강용석이 재선에 올인 했던 사연 역시 현역 국회의원이란 신분의 가치를 절감해서다.

그는 낙선했으나 여러 방송사로부터 끼를 인정받아서 러브콜을 받는 존재가 되었다. '고소·고발전문가'답게 TV조선의 소비자고발 프로 진행자로서 제2의 인생에 도전하고 있다. 자신을 노출시키지 않는 게 저격수의 기본이다. 은신과 위장에 먼저 신경 쓰고 그 다음이 저격이지만 강용석은 반대로 접근했다. 자신을 100% 노출시킨 채 저격 대상을 먼저 지목하고 사전에 경고까지 하는 친절을 보인다.

저격하기 전 공포를 한 발 먼저 발사한 후, 상대의 대응을 보고 조준경의 미세한 클릭을 조정하는 식이다. 박원순 아들에 대한 입영 전 신체검사 의혹제기가 전형적인 강용석 스타일의 저격 수순이라고 보면 된다. 왜 집과 가까운 병원을 두고 먼 병원을 찾아 진단서를 발부받았는지? 하필 병무비리 과거가 있는 의사를 찾아가 진단을 받게 되었는지? 한 번도 진료조차 받지 않았던 자가 디스크환자로 판정 받는 게 과연 말이 되는지? 등등.

징병검사규정과 부합하지 않는 병무청의 의심스러운 결정 등 상식적인 판단으로 이해가 되지 않는 사실에 대해 해명을 요구했다. 그러나 지나친 확신 탓에 검증에 소홀하여 원 샷·원 킬에 실패한다. 참여연대 초창기 소액주주운동을 하며 박원순과 함께 일했던 경력으로 인해, 자신처럼 그의 실상을 잘 아는 사람이 없다는 자만심 또한 한몫을 했다.

삼성을 상대로 했던 젊은 변호사의 혈기가 있었기에, 박원순을 재물(?)로 지역구 재선에 성공하겠다는 이유를 분명히 언급했다. "무기력한 보수 세력과 내부분열 속에서 자기희생만 강요하는 새누리당의 최근 행태를 보면서 답답하고 화가 났다. 소박맞은 며느리로서 시댁의 기둥뿌리가 흔들리고 지붕이 내려앉는 상황을 밖에서나마 바라보면서 한마디 하고 싶었다."는 말로 그 속내를 내보였다.

마포 을은 여당의 절대적 약세 지역

강용석의 지역구인 마포 을은 2011년 10·26 서울시장 보궐선거에서 57.7%가 박원순을 선택한 반면, 나경원 지지는 42%에 불과했다. 두 후보의 지지율 격차 15.7%는 서울시 평균 격차보다 두 배 이상이다. 그 직전인 2010년 6·2 지방선거에서도 오세훈 지지율은 43.8%로 한명숙 후보(50.0%)에게 7%나 뒤질 정도의 야세가 강한 지역이었다. 마포구청장 선거 역시 민주당 후보가 한나라당 후보를 이겼던 곳으로, 이 세 번의 선거결과가 강용석을 초조하게 만든 핵심사유라고 볼 수 있다.

총선을 앞두고 서울지역구 선거를 한 번도 치러보지 않은 당의 비대위원들이 공천 혁명을 운운하자, "서울 48개 지역구 중 한나라당 지지율이 46위인 마포 을에 박근혜 위원장이 출마한다면 언제든 지역구를 비워줄 용의가 있다."며 감히 비상대책위원장에게 직격탄을 날리기도 했다. 아나운서 성희롱 오명으로 당에서 버림받은 이력을 만회하기 위해 '뭔가 특별한 일'을 벌이지 않으면 재선에 성공할 수 없다는 결론을 스스로 내리게 된 결과다.

때마침 서울시장 보궐선거가 있었고, 야권 단일화 과정의 거물 박원순과 안철수가 그물에 걸렸다. 국회의원이란 권한을 활용하여 율사의 본능으로 두 사람의 주변을 뒤지기 시작했다. 그간 구심점이 없었던 보수 세력의 묵시적인 지원을 받으면서, 여당이 절대 열세였던 SNS 소통 채널인 블로그와 트위터에 하루 5시간 이상 투자하는 끈기를 보였다.

총선기간에 전국에서 지원한 300여 명 규모의 자원봉사단을 확보했으며, 이슈가 생길 때는 하루 3만 명 넘게 접속하는 블로그로 키웠다. 그의 블로그는 불과 7개월 만에 6백만 명 이상 방문했을 만큼 최단기간에 보수우익 최고의 파워 블로그로 부상했다. 2012년 초 개설한 네이버의 팬 카페 회원은 6천 명이 넘었다. 이런 기록은 야권에서 문성근이나 정봉주가 친위조직을 동원해서 단기간에 지지자들을 규합했던 사례와 필적할 수 있는 유일한 사례였다.

그 여세를 몰아서 선거비용을 펀드로 모금한다고 공고한 지 4시간여 만에 목표액 2억 원을 넘긴다. 기고만장한 강기갑 의원도 모금액을 초과 달성했지만 두 강씨가 다 낙선한 빚쟁이가 되고 말았다. 그러나 의지만 있다면 돈 없는 정치인도 블로그 활용으로 선거를 치를 수 있는 방법이 모색된 셈이다.

그동안 극우파 인사는 조갑제나 지만원 정도에 불과했는데 그들을 대체할 젊은 뉴 페이스가 등장하자 덩달아서 극성 안티들도 생겼다. 대중의 평가는 극명하게 엇갈리고 있으나 강용석은 그 자체를 즐기는 듯하다. 한밤중 취중에 트위터를 통해 박근혜와 홍준표에 대해 막말 비난을 하고 다음날 삭제하는 등 주기적으로 논란의 중심인물이 되는 길을 자초했다.

걸리면 골치 아픈 레이더

누구든지 그의 레이더에 걸리면 고소감이 된다. 박원순에서 안철수, 곽노현에 이르기까지……. 하지만 방향을 잘못 잡으면 바로 수정하고 사과 기자회견도 하는 화끈한 면도 가졌다. 개그맨 최효종을 고소한 경위의 해명이나, 취중 트위터를 하지 않겠다는 약속, 박원순 아들의 신체검사과정에 대한 MRI필름 판독 오판에 대한 사과 등이 그런 면이다.

그는 '정치인 안철수'의 실체를 추적하면서, 해명하지 않으면 고소까지 하는 돌출행위로 보수 세력의 선봉장을 자임했다. 안철수가 재단에 기부했던 안철수연구소 주식 187만 주의 취득경위에 대해서 현미경을 들이대고, 대권에 나설 경우 본격적으로 검증을 하겠다고 미리 엄포를 해놓은 상태다. 총 10종의 중등검정교과서에 안철수에 관한 내용이 수록된 것을 확인하게 된 경위도 그의 요구에 따라 제출된 교육과학기술부 자료였다.

안 교수가 직접 쓴 글을 싣거나 그를 성공한 '컴퓨터 전문주치의' 등으로 미화하는 내용이 주류로, 만약 정치를 하게 될 경우 일부 수정과 삭제는 불가피해진다. 블로그에는, "20여 년간 쌓아 온 법률지식과 인맥을 총동원해서 찰스의 금융범죄를 낱낱이 밝혀내서 '찰스'를 반쯤 죽여 놓겠습니다. 기대하셔도 좋습니다."란 글이 당당하게 올라있다.

"안철수는 햄릿, 신데렐라, 서태지의 나쁜 점만 모아놓은 인물이다. 햄릿의 우유부단, 신데렐라의 무임승차, 서태지의 신비주의만 모아 놓았다는 의미다. …… 안철수는 끝까지 가기 힘들 것이다. 결정적으로 재산문제로 낙마하지 않을까 싶다."고 전망한다.

그는 단언한다. "일단 안 교수를 본인 외에 제일 잘 아는 사람은 나라고 보면 된다. 왜냐하면 안 교수가 쓴 책, 안 교수가 나온 신문기사, 방송을 다 보고, 자료제출 요구로 받을 수 있는 자료도 다 받고 있다. 정보라는 게 어디서 딱 떨어지는 게 아니다. 조각조각을 짜 맞춰서 만들어 나가는 것이 정보의 기본이다." 결국 안철수는 대선에 앞서 강용석의 입을 막는 게 급선무다.

강용석의
킬러본능〈2〉

문재인의 아킬레스

강용석은 덮어버린 노무현의 비자금문제를 재수사하면 문재인의 아킬레스건이 끊어질 것으로 보고 있다. "노무현 비자금 문제의 경우 문재인과 결정적으로 연결될 수밖에 없다. 수사기록을 다시 꺼내 재수사해야 한다. 그럼 문재인과 이 문제가 연결되고 권양숙과 연결된다. 노무현 비자금이 문재인을 타격할 수 있는 가장 좋은 연결 고리가 될 것이다."라고 주장한다.(이 부분은 조현오 경찰청장도 검찰조사에서 들은 바 있다고 증언했다)

하지만 문재인의 생각은 다르다. 그는 "검찰은 그동안 단 한 번도 개혁되지 못한 채 정권의 하수인으로서 노골적인 정치적 편향을 보이고 있다."며 노무현을 죽음으로 몰고 간 수사를 '정치권력과 검찰의 복수극'으로 간주한다. 때문에 『문재인·김인회의 검찰을 생각한다』는 책을 펴내고, "민주정부만이 검찰개혁을 추진할 수 있고 완결 지을 수 있다."

는 소신을 피력했다. 어디까지나 문재인 스스로의 변호에 불과하다.

특히 문재인은 진보당의 비례대표 이석기가 노무현 정부에서 두 차례나 특별사면 될 당시(2003년 가석방/ 2005년 복권) 민정수석이었다. 19대 국회에서 이석기란 화근이 있는 한, 특별사면 과정에 관여한 당사자로서 뭔가 해명을 해야 할 처지라는 것도 약점이 된다.

강용석의 이런 행위에 대해, 극우파 지만원 Systemclub 대표는 〈박근혜가 아니라 강용석이다!〉란 글까지 올려 성원하고 있다. "위험하기 이를 데 없는 이런 인간을 끈질기게 추적하여 매장시키는 일은 참으로 훌륭한 애국행위다. 한나라당 176명 중에는 이런 일을 해낼 인물이 없다. …… 안철수와 박원순과 곽노현은 이 시대 최악의 적이다. 강용석은 이 세 사람의 목줄을 바짝 물고 치명적인 공격을 가하고 있다. 반면 박근혜당은 무슨 일을 하고 있는가?"라고 반문하기도 했다. 강용석이 배임·횡령죄로 안철수를 고발한 직후 한 네티즌이 올린 아래 글도 역시 비슷한 맥락이다.

"법률전문가가 스스로 청렴하다면 그야말로 할 일 많고 살판나는 나라인 것 같다. 요즘 좌익들을 상대로 종횡무진 활약하고 있는 강용석 의원을 지켜보며 한 줄기 빛 같은 것을 느끼겠다. 변호사 출신 박원순과 곽노현은 상아탑에서 연마한 법률을 위장막 삼아 자신들의 비리를 감추는 데 법 지식을 악용했고 같은 변호사 출신 강용석은 법률을 검 삼아 좌익들의 위장막을 찢는 데 법 지식을 이용하고 있다. 이 얼마나 대조적인가?"

이건희가 범죄면 안철수는 더한 범죄

강용석은 안철수 원장이 재단에 기부한 주식 187만 주가 장외거래가의 25분의 1에 취득한 것으로 배임·횡령죄에 해당하며, 그 주식 8만 주를 증여받은 안철수연구소 직원 125명은 '특정경제가중처벌 등에 관한 법률(특경법)' 위반(배임·횡령) 혐의와 '조세범처벌법' 위반(증여세 포탈)에 해당된다고 고발했다.

"안 원장의 주식 187만 주는 2000년 10월 12일에 1주당 1,710원에 인수했지만, 당시 장외 거래가는 3만~5만 원"이었다. 따라서 안 원장은 25분의 1 가격에 안철수연구소 주식을 취득한 셈이다. 이 주식을 인수한 날부터 1년 후인 2001년 10월에 상장된 주식은 상장 당일 4만6,000원이었고 이후 상한가를 거듭해 8만8,000원까지 올랐다.

안철수는 주식저가인수를 통하여 당시 400억~700억 원 상당의 이득을 챙긴 것으로 추정했다. 이는 삼성 이건희 회장의 판례와 비교하면 명백한 범죄행위이다. 이 회장은 1999년 '삼성SDS BW(신주인수권부사채) 저가인수 사건'에서 배임·횡령 등의 혐의로 유죄판결을 받은 바 있다.(당시 참여연대 고발과 김용철 변호사의 폭로로 '삼성특검'이 개시되고 이건희 회장에게 징역 3년에 집행유예 5년, 추징금 1,100억 원을 부과)

강용석의 분석에 의하면 "당시 삼성SDS 주식은 장외거래가 1만4,000원대로 주당 7,150원에 인수한 것이 배임·횡령으로 처벌된 것에 비해, 안 원장은 장외거래로 주당 4만 원대인 안철수연구소 주식을 불과 1,710원에 인수했다."는 지적이다.

위 사안에 관해, 월간 『신동아』 2012년 4월호에 실린 손재호 회계사와의 일문일답을 요약해 보면

▼ 안철수연구소 BW 인수가 왜 문제인가?

보통 회사가 25억 원짜리 BW를 발행하면 산 사람이 회사에 현금 25억 원을 내야 한다. 그런데 이 BW의 경우 안철수 원장은 만기 2019년, 이자율 10.5%를 적용해 당시 3억4,000만 원만 납입했다.

▼ BW는 왜 발행하는가?

회사가 자금이 필요하니 신주인수권을 주면서까지 돈을 꾸려고 발행하는 거다. 그런데 99년 당시 안철수연구소는 현금 수십 억 원을 보유하고 있어 자금이 넉넉한 편이다. 결국 BW 채권자인 안 원장을 위해 회사가 불필요한 부담을 진 점, 회사에 손해를 준 것으로 볼 여지가 있다.

▼ 시세차익에도 세금이 부과되는가?

상속증여세법에 따르면 BW를 낮은 가격으로 발행해 행사한 뒤 이익이 발생한 부분이 있으면 그 부분은 증여로 간주, 증여세를 납부해야 하는데 안 원장은 안 한 것 같다. 안 원장이 25억 원에 이 BW 186만 주를 얻은 것이 지금은 2,000억 원 대를 오르내리니……

"재주는 곰이 넘고 돈은……"

강용석은 참여연대를 나오게 된 직접적인 계기를 〈조갑제닷컴〉과의 인터뷰에서 소상히 밝힌 적이 있다.

"2001년 삼성전자 주주총회를 간 적이 있다. 이때는 이미 내가 미국으로 유학을 가는 것으로 확정이 됐던 때다. 박원순 변호사와 장하성 교수가 '이번 삼성 주총은 이재용 상무보 선임 문제가 알파요 오메가'라고 했다. 이걸 말하면 모든 신문과 방송에 나올 것이라고 얘기했다. 그래서 장하성 교수가 '너는 어차피 유학 갈 건데 이거나 한번 하고 가'라고 했다. 그래서 뉴스에 나온다니까 좋아서 했다. 당시만 해도 나이가 31살이었으니까 잘 몰랐던 것이다.

삼성의 경우 삼성이란 회사 자체를 비판하는 것에 대해서는 문제 삼지 않는다. 건전한 비판이라 생각하고 자기들도 문제를 수용해서 고칠 생각을 한다. 그런데 오너owner 문제를 건드리면 극도로 경기를 일으킨다. 이병철-이건희-이재용에 대해 누가 뭐라 왈가왈부 하는 것에 대해 직원들이 참지 못한다. 나는 삼성이 이런 집단인지 몰랐다. 그런데 이 문제를 삼성전자 엘리트 사원들이 다 앉아있고, 윤종용 부회장이 앉아있는 자리에 가서 '이재용 상무보 선임은 대표적인 낙하산 인사다. 절대로 해서는 안 된다'는 얘기를 했으니 완전히 삼성에 찍혀버렸다.

그리고 나서 장하성 교수는 삼성으로부터 고대 경영대로 200억을 지원받았다. 장하성 교수는 내가 유학 가 있는 동안 고대 경영대 내에 기업지배구조연구소를 만들었다. 그래서 나는 이런 연구소 만들려면 돈이 꽤 많이 들 텐데 어디서 돈이 나와서 저런 걸 만드나 그랬는데, 장 교수가 연구소 소장이 됐다.

그리고 좀 있다가 고대 경영대 학장이 되어 5년 동안 있었다.

삼성에게 돈 받고 그 공을 인정받아 고대 경영대는 건물도 따로 지었다. 박원순은 박원순대로 여기저기서 챙겼다. 재주는 곰이 넘고 돈은 누가 번다고 딱 그 꼴이었다."

분노유발 전략

1979년 11월 3일 박정희 대통령의 국장 마지막 날 오전. 영구차가 영결식장을 빠져나가자 당시 보안사령관 전두환은 그 행렬이 시야에서 사라질 때까지 경복궁 담벼락에 선 채 오열했다고 한다. 당일 10km에 걸친 연도에는 200만 명이 넘는 시민들이 말없이 모여들었다. 그리고 30년이 흐른 2009년 5월 말 역시 어느 길모퉁이. 텁수룩한 수염을 기른 한 남자도 비슷한 자세로 눈물을 훔치며 다짐하고 있었다.

소방차 뒤에 숨은 남자, 김어준

"아, 씨바 노무현 보고 싶다. 이명박 같은 자가 그런 남자를 죽이다니.

도저히 참을 수 없어. 내가 노무현 노제 때 사람들 쳐다볼까 봐 소방차 뒤에 숨어서 울다가 그 자리에서 혼자 결심한 게 있어. 남은 세상은, 어떻게든 해보겠다." 그렇게 독백을 한 김어준은 '노무현의 그림자'를 만들어서 한을 풀기로 작정했다. 책을 통해 "우리는 문재인 대통령을 가질 권리가 있다."고 가장 먼저 주장한 후, 그 신념을 견지해 온 인물이다.

일찍이 「딴지일보」를 만들어 기존 언론에 침을 뱉기 시작한 김어준은, 〈나는 꼼수다〉를 만든 목적을 『닥치고 정치』란 책에 자세히 설명해 놓았다. "진보가 집권하는 데 가장 큰 걸림돌 중 하나가 뭐냐. 메시지 유통 구조를 보수에 의해 장악당했다는 거야. 메시지 유통 구조는 절대적으로 중요해. 그 유통 채널을 타고 프레임이 유포되거든. 머릿속에 한번 세팅된 프레임의 힘은 대단히 강력한 거야. 아무리 정교한 논리도 그 프레임 안에서 노는 한, 절대 기득의 구조를 이길 수가 없어."

그의 멤버들이 방송에서 욕설을 일상적 도구로 사용하여 비틀어 말하는 이유가 바로 메시지 유통구조를 장악하려는 하나의 방편임을 고백한 것이다.

김제동과 강산에

가수 강산에의 노랫말에는 대부분 철학적이고 반항적인 이미지가 담겨 있다. 3년째 해마다 5월이면 '노무현 대통령 추모공연'에 초청받아 참여하게 된 것도 그런 류의 노래를 만든 인연이다. 그동안 공연에 참가

하면서 느낀 소회를 〈한림국제대학원대 정치경영연구소〉와의 인터뷰에서 털어놓은 적이 있었다. 강산에의 입을 빌려서 노무현 사후의 집회들이 어떤 식으로 진행되었는지를 알아보자.

"분노를 폭력적으로 증폭시키는 것은 해가 될 때도 있다. 추모공연이면 그에 맞게 추모하고 회상하는 데 주력해야지 왜 자꾸 적개심을 갖게 만드는지……. 분노로부터 시작해 사고를 닫아버리고, 적을 만드는 행동은 위험하다. 자꾸 우리들의 마음을 분노로 쪼개버리는 일은 아무리 명분이 좋다 하더라도 동조하기 힘든 것 같다."

강산에와 비슷한 처지가 되어버린 가수 윤도현, 이은미도 있고 노무현 추모사회를 도맡아서 보는 기특한 김제동도 있다. 평소 별다른 생각 없이 연예인들이 순수하게 추모행사에 참가하는 것 자체가 부담이 된 환경을 말하고 있는 것이다. 당연히 친노 성향의 연예인들이 진행하는 인기방송 프로그램들은 어느 순간에 '제작진의 자율적 판단'이란 잣대와 관계없이 정치적 영향력이 커져버린다.

노무현 2주기. 노란 바람개비가 팔랑거리는 봉하마을 6,000여 명의 추모객들 앞에서 열린 김제동의 '토크콘서트'도 그랬다. 이제 노무현을 잊고 영혼을 놓아주자는 의도로 만든 파격적 형식의 추모식이다. 그 무대에서, "군대도 안 갔다 온 사람들이 특전사요원이었던 문재인을 좌파라고 하는 세상이 바로 코미디"라고 일갈하자 통쾌한 박수가 쏟아졌다. 그날 그 자리는 가만있어도 이유 없이 MB가 미운 날이기에, MB정권 핵심관료들 대다수의 병역미필을 비꼬는, 약간의 위안이 필요한 멘트였다.

김제동이야 원래 스스로를 망가뜨려서 사람들을 웃기는 게 직업이다. 그런데 때론 마이크 하나로 능히 수천수만 군중의 혼을 빼고 흥분시키는 좌파진영의 위험한 무기로 쓰일 때가 자주 있다는 사실이 문제다.

MBC, KBS, YTN 방송 3사의 노조가 서울 여의도공원에서 '낙하산 동반퇴임 축하쇼'를 할 때도 당연히 김제동이 있었다. 2만여 명 군중들 앞에서 MB정부를 비판하면서 '콩쥐팥쥐 설화'를 예로 들어, "쥐는 쥐일 수밖에 없다."고 했다. 이 풍자가 환호를 받자, "여의도에 있는 누군가는 두더지와 같다. 돈을 넣어야만 튀어나온다."고 메뉴를 추가했다. 콘서트든 집회든 간에 그저 좋아서 참여한 사람들의 심리를 김제동처럼 정치적으로 후련하게 끌고 가는 능력을 가진 정치인은 여·야를 통틀어 찾기 어렵다. 점점 정치와 선동의 경계가 허물어진다는 뜻이다.

연민을 느끼는 정치인

한때 대통령후보 이회창의 거리유세를 수행했던 구상찬의 회고. "이 총재가 유세장에 가면 주변에 사람을 모으느라 정신이 없었는데 박 전 대

표는 반대로 사람을 떼어 놓느라 진땀을 빼야한다." 같은 원칙주의자이지만 두 남·녀의 대세론을 떠받치고 있는 민중의 정서 차이가 완전히 다른 종류였음을 비교한 것이다.

연세대 심리학교수 황상민 교수(김연아의 교생실습을 쇼라고 폄하했다가 곤욕을 치른 인물)는 그런 박근혜의 이미지를 설명하기를,

"박 전 대표에 대중이 갖는 1차적 이미지는 여왕이나 공주의 이미지입니다. 이런 이미지는 대중에게 '존재만 해도 좋다'는 느낌과 함께 '그가 고통 받으면 연민이 생긴다'는 이미지를 동시에 줍니다." 그렇다. 실제로 박근혜가 유세 도중 오른 손에 붕대를 감고 나섰을 때와 그렇지 않을 때는 군중들의 눈빛부터가 다르다. 바로 연민을 부르기 때문이다.

2002년 여름 한·일 월드컵 경기에서도 한국 팀 누군가가 핏빛이 묻어나는 붕대를 머리에 감고 뛸 때는 그라운드의 분위기가 달랐다. 대표 팀 전체에 투혼의 정신이 감염된 듯 전원 몸을 사리지 않았고, 안방에서 TV를 보는 시청자나 현장의 관중들도 흥분이 감염되긴 마찬가지였다. 황선홍, 설기현, 이을용 등등……. 그들이 하얀 붕대를 머리에 한 바퀴 두르면 주장의 완장보다 집중시키는 카리스마로 변했다. 박근혜가 이따금 군중을 향해 붕대 감은 오른손을 쳐드는 것도 그런 효과다.

특히 지난 18대 총선에는 박근혜 스스로 효과적으로 이 전술을 구사했다. 친박이 대거 탈락했던 공천결과에 대해서 "나도 속고 국민도 속았다."는 건조한 말로 일거에 MB의 수족들을 사기꾼 차원으로 격하시켰다. 유권자들도 그녀를 피해자로 공감하여 억울한 감정이 연민의 정으로 전환된다. 공천에 탈락한 친박 후보들에게 '살아서 돌아오라'란 간

결한 메시지를 보내는 순간이 바로 분노유발 전략의 최정점이었다. 그 선거기간 내내 자신의 지역구에 머문 채 개별유세를 지원하지 않음으로써 무위의 분노를 표출한 것이다.

누군가에게 분노를 느끼게 하느냐, 아니면 연민을 느끼도록 만드느냐는 문제는 정치행위의 주요한 선동수단이다. 노무현이 후보시절에 「조선일보」를 상대로 각을 세워서 인지도를 높인 전략. 이해찬이 총리 시절 유럽을 순방할 때(2004년 10월 18일) "조선과 동아는 역사의 반역자다. 조선과 동아는 내 손아귀에 있다. 까불지 말라."는 막말도 친노세력을 의식한 정치적 메시지였다.

다른 측면에서 보면 유대인처럼 희생양을 만들 것인가, 잔 다르크 같은 상징을 만들어서 돌파할 것인가의 선택이다. 야권은 MB의 임기 초부터 '광우병 헛소문'을 내세워 그를 분노유발 대상으로 삼아 전국적인 규모로 무차별 선동했다. 두 해가 지나자 노무현의 자살원인이 MB의 핍박에 기인한 것으로 규정된다.

궁지에 몰린 여권이 할 수 있는 방어책은 별로 없었지만, 천만다행으로 그들에겐 '미래권력'이 있었다. 박근혜 역시 MB에게 시종 핍박을 박는 피해자의 이미지를 통해 서서히 연민의 정을 갖도록 하는 전략적 접근으로 대세론을 키워간 것이다.

'노무현 살리기' 프로젝트

문성근은 취임 후 첫 공식 외부일정으로 KBS와 MBC, YTN, 연합뉴스 등 파업 중인 언론사 노조들을 격려 방문하는 것으로 시작했다. "19대 국회가 개원되면 이명박 정부의 언론장악 청문회를 개최하겠다."고 분노를 유발시키는 게 우선 그가 할 일이었다. 낙선하고도 노무현 후보 당선 때보다 10%이상 약진한 부산민심에 희망을 걸었기 때문이다.

노무현 사후에 나온 일련의 책들, 유시민의 『운명이다』와 문재인의 『운명』, 딴지일보 김어준이 주도한 〈나는 꼼수다〉 인터넷방송, 『닥치고 정치』를 시작으로 공지영의 『도가니』, 정봉주의 『달려라 정봉주』, 주진우의 『주진우의 정통시사활극 주기자』, 김용민의 책 두 권 『나는꼼수다 뒷담화』와 『김용민을 팝니다』 그리고 「조선일보」를 패러디한 『조일보』 등등.

이 책들은 콘텐츠 면에서 단순히 책을 넘어 바로 '기득권층에 대한 분노유발 시나리오'의 의도된 스케줄에 따른 일환으로 보인다. 특히 문성근이 출연했던 정지영 감독의 영화 〈부러진 화살〉은 코앞에 총선을 앞두고 상영되어 전 언론매체를 통한 크로스광고 효과를 톡톡히 보았다.(앞서 〈최종병기 활〉은 누적관객 745만 명을 기록, 2011년 개봉 한국영화 중 최고의 관객동원 기록) 결과적으로 부러진 화살은 흥행에도 성공하고 유권자들이 사법체계라는 기득권에 강한 분노감을 느끼도록 만들었다.

화살은 소리가 나지 않아 숨어서 저격하기엔 그보다 좋은 무기가 없다. 시위를 떠난 화살이 적에게 명중할 때 느끼는 대체만족도 짜릿하다. 보통 강한 군대는 정공법을 택한다. 화살은 열세의 비정규군이 원거리에서 사용하는 최적의 무기인 셈이다. 활과 화살. 최저의 비용으로 치명적인 효과를 노리는 것이다. 약자의 무기라서 활통을 맨 채로 숨고 뛰는 그 자체가 '같은 편'으로 감정이입이 되니…….

'노무현 살리기' 프로젝트에 나선 모든 이들은 각자의 위치에서 궁수 역할을 수행하는 셈이다. 직장이나 강단에서나, 붉은 머리띠를 두른 포장마차 주인이나 노동자들이나 간에. 18대 국회에서 '일 잘하는 의원' 1위로 뽑혔던 민주당 박선숙 의원이 임기를 마치며 인터뷰에서 한 각오다. "객관적으로 주어진 기회를 한 번 놓쳤어요. 마찬가지 기회가 대선 때 한 번 더 와요. 그걸 놓쳐서 국민을 무시하는 낡은 세력의 권력을 연장시켜 주면, 죄를 짓는 것이지요." 그렇다. 야권은 다시 대통령선거에 패배해서 죄인이 되지 않겠다는 투철한 신념으로 무장해서 싸움에 임하는 것이다.

저격수
박지원의 화살

"대선 본선 링에 오르기 전에 최대한 박근혜의 원칙에 상처를 입혀놓지 않으면 안 된다!" 민주당 내부에서 이런 절박한 소임이 누군가에게 떨어졌고, 박지원이 그 악역을 자처하기로 작정한 듯하다. 박지원은 오래 전부터 한쪽 눈이 안 보인다. 행여 반밖에 볼 수 없다고 생각하면 오산이다. 남은 눈 하나가 더욱 일목요연一目瞭然하게 과녁을 향해 활시위를 당길 수 있는 장점도 된다.

그는 왜, 19대 국회 개원 직전부터 적장의 막사에다 로비스트 '박태규'란 이름의 쪽지를 매단 화살을 서둘러서 쏘아 보냈을까? 민주당은 예상 밖으로 흥행에 성공한 당대표 경선이, 진보당의 분란 때문에 제대로 조명 받지 못하는 게 불만이다. 더구나 작은 집의 의혹 불길을 방관하다가 큰 집으로 옮겨 붙을 수도 있는 상황을 조기에 차단할 필요가 있었다.

　한동안 시소처럼 오르내리던 대선주자들의 선두경쟁이 박근혜 대세론으로 고착화되고, 정국의 주도권이 진보당의 내홍 때문에 여당으로 넘어가는 것을 간파한 것이다. 견고한 박근혜 진영에 혼란을 유도하고, 진보당의 부정과 도덕적 위기를 뒤덮기 위해서는 결국 박근혜의 막사에 수시로 불을 지르는 게 상책이라는 결론에 도달했다고 본다. 작은 불은 물로 끄지만, 산불처럼 큰불은 맞불을 놓아 끄는 게 빠르다는 이치를 안 것이다. 저비용의 고효율 네거티브 전략인 셈이다.

침묵과 응대 사이

박근혜에게 있어서 도덕성은 그 자체로 브랜드다. 그건 약속과 원칙을 중시하는 그녀의 토양이다. 하지만 박지원은 그 토양이 썩었다고 수시로 입소문을 내고 다니기에, 참다못해 사법적 대응을 할 수밖에 없었다. 만약 박태규란 인물을 만났다면 당연히 연결한 사람이 나오고, 만나게 된 계기와 배석한 인물이 등장하며 오고간 얘기들이 거론될 수 밖에 없다. 그 만난 시점 또한 내용보다 중요할 수 있다. 그러니 단순한 '흠집 내기' 차원이 아니라 두 사람 중 한 명의 정치생명이 걸린 단판승부가 될 가능성이 크다.

　박지원 자신이 직접 나서서 그런 위험을 감수하는 이유가 뭘까? 박근혜 입장에선 물증과 녹취록이 있다는 박지원의 주장을 계속 방치할 경우, 본의 아니게 주장을 인정하게 되는 셈이니 고소하지 않을 수 없게 되었다. 어쩌면 박지원이 노린 목적은 따로 있을지 모른다. 큰 혐의를 벗기 위해서 알리바이 입증이 불가피하게 되고, 그 과정에서 다른 사소한 일정을 노출시켜야만 하는 딜레마를 말이다.

게다가 기자간담회를 통해 '박근혜 3불가론'을 거론하며, 그의 폭로가 결코 1회성이 아닌 계산된 수순의 대선 전략임을 흘렸다. "오직 한 사람만 공격할 것이고, 모든 비난은 내가 감수하겠다."는 불퇴전의 각오는 언론의 속성을 누구보다 잘 아는 타고난 입이기 때문이다. 두 번에 걸친 대선에서 농간과 의혹만으로도 완승을 했던 승자의 추억을 갖고 있기에.

그는 2011년 대구 「매일신문」과 부산 「국제신문」 초청행사에서 박근혜가 대통령 후보로 안 된다는 이유를, "박정희 유신독재의 공동책임자로 육영수 여사 피격 이후 퍼스트레이디 역할을 한 장본인이고 이명박 정부 실정과 부패의 공동책임자"이기 때문이라고 덮어씌운 적이 있었다. 우선 의혹투성이의 인물 하나를 미끼 삼아 여당 막사 앞에 던져 놓는 것만으로도 진보당의 체력을 회복시켜줄 충분한 시간을 벌었다는 계산이다. 언론은 그의 정보력을 상대적으로 신뢰해 주고 있으니…….

정치적 이슈는 늘 생기는데, 기자들은 시간과 장소에 관계없이 마이크와 녹음기를 들이댄다면 참으로 난감할 수밖에 없다. 그 현안이 대통령 MB와 관련된 문제라면 더욱 그렇고, 자신의 신상에 관한 의혹도 자칫 잘못 대꾸하면 의도하지 않는 방향으로 기사가 흘러간다. 박근혜가 침묵과 반문의 화법을 주로 사용한 이유다. 자신도 모르는 사이에 스타일이 되고 말았는데, 박지원 때문에 어쩔 수 없이 해명해야 할 사안이 생기게 되었다.

하고 싶은 말이 액면대로 수용될 만큼 대선후보 검증과정은 단순하고 신사적이지 않다. 그래서 "이 자리에서 내가 굳이 말 안 해도 국민들은 진실을 다 알고 있다."라고 두부 베듯이 맞대꾸하는 것은 사실 프로정치인이 사용할 언사가 아니다. '박근혜 저격수'가 배치되면 '박지원 저격수'를 기용하여 대응하는 게 답이다.

정당이든 기업이든 간에, 운명을 한 사람의 능력에 지나치게 의존하는 현상 자체가 위험을 부르게 된다. 아무리 경쟁력이 있는 상품도 여유가 있을 때 거래처를 다원화시켜 놓지 않을 경우, 갑작스런 순간 매출 감소의 위험에 노출될 수 있다. 더구나 대타를 내세울 시간이 없는 여당의 VVIP 동선이다. 그녀가 막사를 나가서 누구를 만나는가 하는 점과, 막사에 누가 어느 시간에 자주 드나드는가 하는 의혹을 제기하는 것만으로도 호기심을 자극하는 뉴스가 되기 마련이다.

네거티브Negative 투망投網

그래서 네거티브 공세를 전담할 당 차원의 전략적인 위기대응 팀이 절실하다. 비유하자면 2007년 당시 이명박 캠프의 'BBK' 의혹 관련 테스크포스팀과 유사한 규모로, 비중 있는 측근 실세에게 전권을 위임할 필요가 있다. 법적인 대응은 물론 언론과 SNS를 활용한 대응을 포함하는 독자적인 권한의 정예팀이 필요한 것이다.

사적 영역과 공적 영역을 분리시킨 다음, 두 팀의 조율로 대응강도를 조절하는 형식의 주례회동을 정례화하는 것이 좋다. 한마디로 창구가 일원화되고, 책임소재가 분명해지는 토털 케어(종합처방)방식으로 가야한다는 의미다. 그 대응의 성공여부는 전적으로 네거티브 발생 초기의 사안별 반격 타이밍에 달려 있다고 할 수 있다. 무시할 것인가? 어느 시기에 누가 대응할 것인가? 어느 선까지 인정하느냐? 사법적 강공의 인적범위는? 등등.

때마침 진보당사태로 정비가 덜된 야권에 비해 일찍 안정화된 여당. 그래서 뭔가 뉴스거리를 찾아 기웃거리던 기자들에게, 박지원은 투망을 던져놓고 입맛대로 골라보라는 물귀신작전을 펴는 중이다. 상대의 반응을 봐서 점차 수위를 높여가는 박지원의 전략에 일시 말려든 감이 있다. 그는 CBS 라디오 〈김현정의 뉴스쇼〉를 통해 상대를 한껏 조롱했다. "말로는 이명박 대통령과 박근혜 전 위원장을 위한다고 하면서도 MB 정권의 성공을 위해, 박근혜 전 위원장의 대통령 당선을 위해 몸을 던질 사람들이 안 보인다."고…….

이어서, "자신이 박 전 위원장을 공격하면 직접 찾아와서 설명하고 설득하면 자신도 사람인데 멈출 것 아니냐? 하지만 그들에겐 그런 소통과 성의의 정치가 안 보인다."고 슬쩍 새누리당을 건드렸다. 이 대목은 비박 후보의 누군가를 향해 따로 이면거래를 해보자는 유혹의 다른 표현으로 해석된다. 그건 공동의 목표인 '반 박근혜 포위전선'을 위해

내민 손이다. 네거티브 공격에 대한 최상의 수비는 바로 네거티브 공격이다. 하지만 그 전략은 박근혜가 가장 혐오하는 정치로 천명해 둔 상태다. 마지막 코너에 몰리지 않는 한 이 안티 카드를 쉽게 꺼내지 못한다는 원초적인 한계가 있다.

네거티브의 끝은 소송이다. 공자는 "나는 송사에 관한 판단에서는 남보다 결코 못하지 않다. 하지만 내가 진정으로 원하는 세상은 그런 송사가 없는 세상이다."라고 했다. 지도자가 정치를 잘해서 송사가 필요 없는 그런 사회가 제대로 된 세상이란 뜻이다. 우리 정치는 늘 송사로 바쁜 비정상적인 정치에 길들어 있다. 계강자李康子가 '정치란 무엇인가'라고 묻자, 공자는 '政者 正也'라고 명쾌하게 말했다. '정치는 바르게 행동하는 것' 그게 정도正道라는 뜻이다.

글쎄요,
그럴 일이…

19대 총선에 당선된 6선 의원, 강창희, 이인제, 이해찬 세 사람은 전부 충청도 출신이다. 마침 국회의장이 된 강창희가 박근혜의 좌장 격이니, 이해찬이 민주당의 좌장이 되면 '대권 삼수생'인 이인제도 욕심이 생기기 마련. 이 셋 중에서 두 명이 손잡으면 반드시 누군가를 대통령으로 만들어 낼 세력이 된다. 같은 억양의 동향인 3명이 누구와 어떤 테이블에 앉느냐에 따라 대권이 오락가락 한다. 충청도 어깨에 1997년 말 못지않게 큰 힘이 들어갈 판세다.

　마침 그해는 이회창, 이인제 두 사람의 충청 출신 대권후보가 나왔고, YS가 비록 이빨 빠진 호랑이였으나 결정권을 가진 대통령이었다. 2012년에도 비록 후보는 다르지만 MB를 내칠 수 없는 양상은 비슷하다. 대선을 불과 6개월여 앞둔 시점에서 나온 박정희의 장녀와 김영삼의 차남 2대에 걸친 갈등조짐을 말한다. 김현철은 19대 총선에서 경남 거제 지역구 공천을 희망했으나 여의치 않자 불출마했다.(당선자는 무소속 김한표) 결과적으로 새누리당 후보 진성진은 박근혜의 유세지원에도 불구하고 3위로 낙선한다. 때문에 YS진영은 당의 대선후보가 박근혜로 고착되는 데 대해 부정적일 수밖에 없다.

그는 총선 후 출연한 MBN의 '정운갑의 집중분석'에서, "이번 대선 구도가 여권에 불리하다. 박근혜 비대위원장 독주체제는 위험하다."고 지적했다. 그 이유를 야당의 잠재적 대선후보인 문재인과 김두관이 PK지역에 기반을 둔데다. 총선에서 야권의 수도권 승리와 영남의 지지기반 구축을 들었다.

아버지의 대선전망을 대신 전하며, 박근혜가 대선후보가 되면 "혹독한 검증 과정을 거치며 여러 이야기가 나오게 될 점을 생각하고 있다."고 말했다. 더구나 그는 "김문수나 이재오, 정몽준의 캠프에서 도움 요청이 온다면 기꺼이 도와드릴 생각이 있다."고 말하면서, 박근혜가 제안할 경우에 대해서는 "글쎄요, 그럴 일이 있을까요?"라고 반문함으로써 친박을 불신한다.

이인제의 캐스팅보트

아들 김현철은 그렇다 치고, 소위 왕년의 '정치 9단' YS는 왜 박근혜의 검증과정이 순탄하지 않다는 판단을 하게 되었을까? 실제로 당 내외의 검증은 혹독할 것이지만 YS의 의중은 따로 있다. 첫째, 차남의 정치입문을 위해서 마지막까지 '반 박근혜'라는 벼랑 끝 전술을 구사하리라고 예측된다. 그의 민주화투쟁 경력 전반부가 반 박정희인데다, 딸이 두 차례나 DJ를 찾아가서 정중하게 사과함으로써 DJ를 감읍시킨 사실도 못마땅한 뉴스였다.

둘째, 선진당의 이인제 변수다. 6선의 불사조가 된 이인제가 당의 주요간부들 간담회에서 한 발언은, "새누리당, 민주당도 아닌 우리 당만의 정체성과 독자성을 잘 다듬어 내세우면 거기에 맞는 후보를 범국민적으로 추대할 수 있다고 생각한다."는 나름의 의지가 담긴 내용이었다. 두 차례나 도전했던 대권후보 선배자격으로 안철수도 언급하면서, "지금은 본인이 하겠다고 하지 않는데 당도 아니고 아무것도 아닌 일개 교수가 그 공간을 차지하고 있지 않느냐."고 평가절하 했다.

이인제는 한 일간지와 인터뷰에서, "대통령 후보를 옹립하는 과정은 전면 개방하는 게 옳다. 거대 양당에 절망하는 국민이 40% 가까이 돼 안철수 교수에 대한 지지로 나타나고 있는데, 선진당이 충청대표정당만 표방하는 것과 한 사람의 지도력에 의존하는 것을 없애야 한다."고 뼈있는 언급을 했다. 스스로 "당이 다시 화려하게 부활하는 데 한 알의 밀알이 되도록 노력하겠다."고 말함으로써 대권도전의 의지를 비친 셈이다.

말하자면 YS는 향후 선진당이 대선후보를 선출하는 과정에서 이인제에 의해 당이 안정될 시점을 의식하고 있다. 그때쯤 되면 박근혜가 표계산에 초조하여 반드시 보수 쪽에 손을 내밀 수밖에 없는 상황이 된다는 판단이다. 이회창과 박근혜는 쌓인 구원舊怨으로 인해 서로 협상이 어렵지만, 이인제는 부동의 YS문하생이기에 아들 문제를 현안으로 박근혜와 정치적 삼각거래가 가능하다.

박정희 드라마/ 육영수 영화도 노코멘트

김현철의 '글쎄요……' 현상은 여러 채널에서 감지할 수 있다. 총선 후 동아일보의 종편채널 채널A가 개국기념작으로 야심차게 준비했던 드라마 〈박정희〉 제작계획을 무기 연기한 배경도 그런 등 돌림의 한 면이다. 채널A 측은 내년에 방송을 할 계획이라고 해명했지만, 나름대로 박근혜의 대선승리에 대한 확신이 떨어졌기 때문이라고도 해석할 수 있다. 낮은 시청율과 제작비 부담문제란 표면적 이유보다는, 오히려 확실하게 박근혜를 띄웠다가 질 경우에 대선 이후 닥칠 반작용을 우려했을지 모른다.

영화도 마찬가지다. 몇 년째 육영수관련 영화화를 시도했던 자들도 대부분 실체가 의심스런 간판만으로 시작했던 경우뿐이다. 시나리오를 포함한 기본적인 조건이 열악하니, 흥행 가능성은 고사하고 메이저 배급사로부터 투자를 받아내기도 어렵다. 무엇보다도 주인공 스카우트가 안 된다. 주연배우로 나서게 되면 차후 영화판에서 소외될 것을 두려워하여 응하지 않는다는 게 문제다. 적어도 영화 시장은 냉정함을 잃지 않았는데 대선 민심만 들떠있는 상태다.

독설가인 윤창중 전 문화일보 논설실장도 칼럼에서, "충청권＋호남권 구도가 바로 'DJP 프레임'이었고, 여기에 PK 대선후보를 끼어 넣은 게 '노무현 프레임'이었다. 단언컨대, 민주당 입장에선 PK 출신을 대선후보로 뽑는 쪽으로 당심이 몰릴 것. 대선에서 PK의 새누리당 아성을 깨면 반드시 이긴다."라고 고춧가루를 뿌린다.

가장 치열한 전선인 정치 1번지 종로에서 살아남은 정세균도 한 인터뷰에서 새누리당 대선 흥행의 고착을 지적했다. "새누리당과 일 대일 구도를 만드는 과정이 아름다우면 이길 수 있다."고 자신했다. 그 근거로 낙선한 홍사덕의 예를 들었다. "종로에서 친박계의 좌장이라는 사람도 '박근혜 마케팅'으로 일관했는데도 선택받지 못했다. 어쩌면 박근혜 의원이 강적이 아닐 수도 있다. 가장 상대하기 쉬운 후보일 수도 있다."고 전망한다.

여당 비관론자들의 결론은 박근혜 지지세에서 충청권과 PK를 분할해 내고, 새누리당이 후보경선 흥행에 실패한다면 야권이 승기를 잡는다는 데 다들 이견이 없다. 단지 민주당의 경우 통합진보당이라는 계륵과 같은 존재가 어떤 변수로 작용할지 상당한 기간 부담스런 미지수로 남아있을 것이다.

노풍은
남해로부터

믿는 구석이 확실하다. "전국의 가장 바닥에 있는 조직이 이장·통장들인데 현직이 10만명 정도이고, 전직까지 하면 100만이다. …… 전국의 이장·통장들이 나를 주목하고 있다. 또 군수 출신이니까 228개 시·군·구 기초단체장도 주목하고 있고……." 듣고 보니, 이장-군수-도지사를 차례로 했던 것은 대선후보가 되기 위한 전략적 선택으로 보인다.

'길은 누구에게나 열려있다'고 생각해왔던 후덕한 체구의 전직 이장. 남해 농민회를 조직하고 지역활동을 통해 고향 주민들이 무엇을 원하는지 파악했다. 『남해신문』을 창간하여 주민을 진정으로 대변하는 지방지로 키웠다. '군민주주郡民株主'형식으로 창간된 신문은 애초부터 광고와 촌지문화에서 자유로운 신문을 목표로 한 것이다. 남해군민 과반이 구독하는 『남해신문』의 영향력을 발판으로 1995년 30대 후반에 무소속

출마로 최연소 남해군수가 되었다.

취임 직후 관사를 헐어내고 민원인 주차장과 쉼터를 만드는 파격적인 행보에 이어, 군수실을 주민들과 투명하게 소통하자는 의미에서 벽한쪽을 유리벽으로 교체했다. 민원을 공개적으로 해결하는 '민원공개법정제도'를 도입하여 고질적인 장기민원을 해결해 나갔다. 그는 고향의 벚꽃축제 홍보를 위해 남해대교 번지점프대에서 몸을 던지는 등 관행과 격식을 깨면서 행정의 새로운 모델을 실험하고 정착시켰다.

언론에 시달리며 맷집 불린 야생마

군청이 발주한 사업은 '주민 공사 감독관제'를 통해 감시하고 '감사청원제도'를 도입하여 지방자치의 모범을 보였다. 전국적인 규모로 반대하는 주요 언론사들의 항의를 극복하고 군청 기자실을 폐쇄함으로써, 군행정의 비리가 촌지로 무마되는 관행을 차단해 버렸다. 파독 광부들과 간호사들의 정착을 위한 '독일인 마을'과 '남해 스포츠 파크' 등을 만들어서 남해군의 수익에 외지인 관광이 기여하도록 인프라를 구축했다.

7년 재임 동안 김두관은 '남해 개조 혁명'으로 불러도 될 정도의 변화를 주도해낸 것이다. 그렇게 재선을 거쳐 2002년 경남도지사에 도전했으나 역부족으로 낙마하지만 사람들은 '리틀 노무현'이라고 부르기 시작한다. 그리고 2004년 총선에서 "국회의원이 되면 8년 내로 대권에 도전하겠다."고 선언하며 낙선을 거듭했다.

드라마틱한 공적 여정에서 장관을 그만두게 된 연유도 남다르다. 16대 국회 후반에 소신껏 처신하다가 밉보여서 통과된 해임건의안. 건국 이후 장관 해임안이 국회에서 가결된 것은 그를 포함하여 불과 5건에 불과했다는 사실을 감안하면, 그것만으로도 김두관은 특별한 정치역정을 가졌다.

무소속으로 세 번째 도전한 경남도지사 선거에서 김두관이 얻은 표는 53.5%(81만2,336표). 46.5%(70만5,986표) 득표에 그친 한나라당 이달곤 후보를 10만 표 이상 제치며 여유롭게 당선됐다. 그 득표율은 노무현의 권유로 출마했던 2006년 도지사 선거 당시 얻은 25.4%의 두 배가 넘는다. 1995년 민선지자체가 출범 이후 경남도지사에 비한나라당 후보가 당선된 것도 처음이다.

'빅 브라더'부터 먼저 찾은 '리틀 도지사'

'사람냄새가 난다'는 평을 듣는 그는 도지사 당선 직후 측근들과 함께 김해 봉하마을의 노무현 너럭바위를 찾아가 무릎 꿇고 눈물을 흘렸다. 배타적 지역주의와 중앙언론에 맞서 싸우며 쟁취한 승리의 고단함을 가장 먼저 알리고 싶었기 때문이다. 노무현과 김두관의 만남은 그렇게 생사를 떠나 늘 관심의 대상이 되었다.

가난하고 힘없는 사람들을 보면서 남몰래 꾼 꿈이, 결국 장관이 되고 도지사가 되면서 더 힘을 가진 대권에 뜻을 두게 된 계기다. 지역주의에 정면으로 맞서 낙선을 거듭하면서도 도전을 멈추지 않았던 점이 대통령이 된 노무현과 김두관의 닮은꼴 정치스타일이다. 승부사 기질로 노무현과 노선을 같이했지만 그림자나 분신이 아닌 독자적 길을 걸었다고 자부한다.

청와대 주변에서 경력을 쌓은 친노 가신들과 구별되는 스토리를 가진 정치인이란 뜻이다. 특히 대통령직을 감당할 경력과 자질 면만 따져보면 야권에서 김두관은 박근혜를 이길 수 있는 유일한 카드가 된다. 드디어 2012년이 되었고, 그는 스스로 선언한 약속을 지키기 위해 대권에 도전한 것이다. 혼돈이 활개 치는 난세에는 변방에서 세력을 키워서 치고 올라오는 반골의 기세가 가장 두려운 법.

물론 김두관의 대선출마에 대해서 모두가 찬성하는 것은 아니다. "야권연대는 단순히 김두관 후보라는 개인에 대한 지지가 아니었으며 경남에서의 일당독점을 허물어 서민과 민중의 삶을 개선하고 지방자치를 실현하기 위한 것이었다."는 게 반대하는 단체의 주 이유였다. 그간 운영해왔던 '민주도정협의회' 같은 실험이 무산되고, 그를 이은 야권 도지사의 출현이 어려워질 상황을 우려하여 반대한 것이다.

그런 지역사회의 반대 논란에도 불구하고 그는 친노 직계이면서 동교동계와도 적대감이 없는 장점이 있다. 두루 친화력을 갖춘 탈계파적 호감형 인물로서 이미 밑천이 다 드러난 문재인과도 차별화된다. 재야 세력이 공공연히 상대적으로 젊은 김두관을 거론하고 있는 이유다. PK출신 대선후보는 민주당이 이미 2002년에 학습한 바 있는 필승전략의 핵심이다. 그들이 김두관 보기를 마치 노무현 보듯 하는 이유다.

소통하며 돌파하는 7전8기

그러나 '이장에서 대통령으로'라는 캐치프레이즈를 내걸고, "개천에서 용이 나는 세상을 만들겠다."고 다짐했던 2007년 7월의 민주당 대선후보 경선출마 선언은 아직 이른 감이 있었다. 2008년 국회의원 선거에서 다시 패배하지만, 2010년에 『일곱 번 쓰러져도 여덟 번 일어난다』는 책을 내고 경남 도지사에 당선됨으로써 책 제목대로 7전8기 성공스토리의 대미를 장식했다.

노무현이 부산에서 국회의원과 부산시장 선거에 잇따라 패하는 수모를 딛고 56세에 대통령으로 당선된 대역전 드라마의 주인공이듯 그 역시 국회의원을 세 번이나 떨어지고, 세 번 도전 끝에 마침내 50대로 도지사가 되었다. 연령 면에서도 당시 노무현과 비슷한 성공스토리를 쓰고 있는 셈이다. 노무현이 고향에서 실패했던 그 꿈을 김두관은 지방에서 무소속출마로 지역주의를 극복해 보인 점에서 더 의미를 부여할 수 있다.

흔히 선거 중에 가장 어려운 게 광역단체장 선거라고 한다. 대선은 중앙당이 주도하여 큰 구도로 후보의 이미지와 슬로건, 또는 정권교체를 명분으로 치르면 된다. 또 총선은 한정된 지역에서 상대 후보와의 인물대결 구도로 심판을 받는다. 그러나 도지사나 광역시장 선거는 주민들을 만나려고 돌아다녀야 할 범위가 광범해서 국회의원 선거 두세 번 치르는 만큼 힘이 든다. 그래서 한번 떨어지면 총선으로 방향을 틀거나 포기를 하게 된다. 김두관처럼 세 번씩 도전하는 경우는 거의 없다.

그는 2012년 2월 중순, 『주간조선』 기자와의 사적인 대담에서 "총선에서 민주당이 135~155석을 확보한다면 그중 절반은 문 이사장이 아닌 나를 지지할 것으로 믿는다."고 장담한 바 있다. 목표에 좀 못 미쳤지만 경남지사직을 수행하면서 얻은 경험에 기인한 자신감의 표현이다. 또한 민주당의 '한·미 자유무역협정FTA 폐기' 주장에 대해, "대선에서 이기면 한·미 FTA를 폐기하겠다는 주장은 너무 나간 게 아닌가 싶다. 일방적 폐기는 오버액션"이라고 지적할 정도로 거침없이 말한다.

지지하는 든든한 지역적 배경이 없다면 중앙당을 향해 결코 꺼내지 못할 말이다. "나는 육두품에 속했고 노무현의 가신이 아니다."라며 맹목적인 친노 세력과의 차별 선언을 해도 어색하지 않은 것은 당당하게 험한 길을 걸었던 그만의 장점 때문이다. "이젠 카리스마보다는 수평적이고 통합의 리더십이 필요하다."고 자신의 효용가치를 내세운다.

주목받는
히든카드

대선후보 결정에 관해 여전히 중립적인 유권자가 30% 이상 된다. 그 표야말로 여야를 떠나서 다른 모든 변수에 앞선 공략목표인 것이다. 상대적으로 지지도가 낮은 김두관의 진짜 표는 바로 거기에 포함돼있다. 그는 자신이 박근혜와는 신분·출신부터 다르다고 생각한다. "정치적 DNA가 다르다. 나는 부모, 형제, 집사람이 다 뼛속까지 서민이다. 박 의원은 서민을 위한 정치를 한다는데 이젠 서민이 하는 정치가 돼야 한다."

노 정권시절 청와대 정책실장을 지냈던 김병준은, 2012년 총선을 앞두고 한 공중파TV와 인터뷰에서 노무현의 복수를 하겠다는 정치는 결코 노 대통령의 뜻이 아니라고 보았다. "향후 대선의 승패는 여야 모두 '5:5'의 싸움이지만, 어떤 형태로든 드라마를 만들어 낼 야권이 다소 유리하다."고 언급했다.

야권의 대선후보로 문재인 또는 김두관이 될 것으로 단정하면서도, 특히 김두관의 대권 도전 가능성을 높게 본 것이다. 김병준은 그 자신도 청와대 실세 그룹에 포함된 일원으로서, 당시 최측근이었던 문재인과 청와대에서 훨씬 많은 시간을 접촉할 기회가 있었다. 그렇지만 문재인보다 김두관에게 호의적이란 사실이 다소 의외다. 나름대로 비교해서 김두관의 리더십을 높이 평가했던지, 아니면 평소 문재인에게서 노무현과 같은 최고지도자의 자질을 발견하지 못했다는 뜻으로도 들린다.

부메랑이 될 그림자

특히 문재인의 경우 청와대 민정수석과 비서실장을 한 경력이 도리어 노 정권의 비리와 엮여들게 되면 탈출이 어렵다. '노무현의 분신'이란 꼬리표가 치명적인 약점으로 부메랑이 될 여지가 항상 있다. 2011년 가을 한 주간지 표지에서 '문재인은 바람, 김두관이 진짜'라는 제목을 뽑은 것도 그런 약점을 대변한 것이었다. 문제는 문재인-김두관의 경쟁이 시너지효과의 도를 넘어서 민주당 내부 갈등으로 비화되는 것을 어떻게 조율하느냐 하는 점이 남는다.

민주당 전체의 움직임도 중요하지만, 안희정, 이광재, 유시민, 문성근 등 친노 핵심그룹들과 박원순과 송영길, 최문순 등 지자체장들이 어느 쪽에 줄을 설 것인가에 따른 인적 네트워크게임이다. 여권이 5년 동안이나 박근혜 독주체제로 고착된 데 비해서, 야권은 손학규에서 유시민을 거쳐 안철수·문재인 그리고 김두관으로 릴레이 바통터치로 계주를 하며 흥행에너지를 비축하고 있다.

심지어 여당의 김무성 의원도 총선 후 비슷한 견해를 말한 적이 있다. "문재인씨는 의지가 약해요. 만난을 헤치고라도 기필코 대권을 잡겠다는 식으로 권력 의지가 강해야 되는데. 또 노무현 업보에서 벗어날 수 없는 것도 핸디캡입니다. 저는 김두관 경남지사를 주목하고 있습니다. 의지도 강하고 도지사도 잘한다는 소리가 많이 들려 만만찮습니다. 그를 만나고 나면 다들 괜찮은 사람이라고 평하게 된다네요."라고 기대감(?)까지 표출했다.

이재오 후보도 김두관과의 친분을 고백한 바 있다. 인터넷언론 「뉴시스」와 가진 '대선주자 인터뷰 2012. 5. 27' 발언을 보면, 반박근혜 후보들이 제기하는 '완전국민경선' 문제가 만만치 않은 화근이 될 여지를 예고하고 있다. 특히 엄포에 가까운 이재오의 언급을 보자. "지금 룰대로 박수치고 경선 끝내고 연말에 찍어달라 하면 정권을 재창출하기가 어려울 수 있다. 그게 중대사태다. 이 문제에 대한 나의 최종 판단, 대응은 당의 결정을 봐서 그때 결심할 것이다."

이걸 가볍게 듣고 넘기면 안 된다. 이재오는 1996년 총선에서 여당 후보로 전향할 당시보다 오히려 운신이 쉽다고 생각할 것이다. 명분이야 만들면 되는 것. 무엇보다도 김두관 지사에 대한 호감도를 보면, 내일이라도 한솥밥을 먹는 동지로 손잡을 수 있겠다는 느낌이 든다. "김 지사는 야권후보 중에 제일 친한 사람이다. 한 조직에서 민주화 운동

같이 했잖나. 자주 연락은 못해도 경남에 내려가면 전화하고 밥 같이 먹곤 한다." 그의 표현대로 같은 당에서 15년을 같이한 박근혜 후보에 비해 인간적으로 김두관 쪽이 훨씬 가깝지 않은가?

저평가된 우량주

민주당의 정치개혁모임 창립총회 간담회에서 이석현 의원은 참석한 김두관 지사를 '저평가된 우량주'로 칭하고 "젊고 대중적인 친화력이 특출하고 개혁적인 대선후보"라고 띄웠다. 일찍부터 대중정치인으로서 야전경력을 쌓은 김두관이 문재인보다 경쟁력이 있다고 본 것이다.

이 자리에서 김두관 지사는 작심한 듯 민주당을 향해서, "자기 당을 좋은 당으로 만들고, 좋은 후보를 키울 생각은 않고 대선 때마다 지지율에 일희일비하며 외부로 눈길을 돌리고 있다."며 비판했다. 4·11 총선 결과에 대해서도 여당은 구시대라는 옷만 갈아입고 국민의 마음을 산 반면, 민주당은 창조적 에너지가 있는데도 오만과 독선, 불통의 리더십으로 위기를 자초했다고 보았다.

한마디로 통합은 있었지만 혁신은 없고 심판만 외치고 미래는 보여주지 못했다는 평가다. 특히 "야당은 핏줄과 동지의 잘못에 더 엄격해야 한다, 같은 편이라고 감싸주는 풍토가 민주당의 패배와 진보당의 위기를 불렀다."고 지적한다. 스스로에 대해선, "정치를 준비한 사람, 국민 속에서 정치를 익힌 사람이 정치를 하는 것이 맞다."고 에둘러 말함으로써 안철수와 일전을 예고했다.

　민주당 내부기류는 어떻게 해서든지 안철수의 지원이나 연대를 통한 야권단일후보로의 승리를 외쳐왔는데, 그게 정치적으로 과대평가되었다고 본 것이다. 김두관은 민주당이 안철수의 들러리로 동행하는 그런 패배주의에 맞서 확실하게 자신의 존재를 차별화시키고 있다. 민주통합당 당 지도부 선출 경남지역 경선에서, 별 연고가 없는 김한길 후보가 압도적 표차(258표 vs 150표)로 1위를 한 결과도 김 지사의 영향권에 기인했다.

　그날 오후 김두관은 창원 문성대 체육관 경선장에서, "연말 정권 교체를 위해 사즉생의 각오로 제가 할 수 있는 모든 것을 당원 동지들에게 바치겠다."고 화끈하게 선언해 버렸다. 개표결과가 발표되자 기자들은 김한길의 승리를 '사실상 김두관의 승리'라고 수군대고 있었다.

　마침내 원혜영 의원 등 민주당 소속 의원 11명은 국회에서 6월 11일 김 지사에 대한 대선후보 지지를 선언했다. "김 지사는 지역주의와 정면으로 맞서왔고 양극화 극복과 경제정의라는 시대정신을 온몸으로 실천해왔다."며 그의 섬김의 정치와 소통과 통합의 지도력에 주목해왔다고 밝혔다. 부산에서 3선의 조경태 의원까지 대선후보를 선언하면서, 이날을 기점으로 여·야간 본격적인 대권후보 출정을 앞둔 전선이 형성된 것이다.

리틀 김두관, 김두수?

김두수는 네 살 아래 친동생으로서 형과 달리 스마트한 외모를 가진 민주통합당 초대 사무부총장출신이다. 행정학도로서 민주노동당 창당기획국과 총선기획단장 출신으로 과거 오랫동안 참여연대와 NGO 단체에서 박원순과도 호흡을 맞춘 경험이 있다. 노무현 대통령후보 선거대책위원회 정치개혁추진국장을 거쳐 노무현정부의 성과와 한계를 연구하는 '사회디자인연구소'를 운영했다.

문성근과는 '백만 송이 국민의명령' 집행위원과 사무총장, 노무현재단 기획위원과 혁신과통합 홍보위원장을 하며 야당통합운동에 다양한 경력을 자랑한다. 장차 당 내외에서 형의 정치적 외연을 확장시킬 핵심 고리 역할을 할 것이다. 만약 김두관이 대권 도전으로 도지사직을 던지게 된다면 '리틀 김두관'이 되어 형의 뒤를 이어 출마할 가능성도 크다.

민주통합당 출범 직후, 김두관은 직계 핵심조직인 자치분권연구소(시장·군수 등 지방자치단체 출신 인사들로 구성된 행정 연구 조직) 이사장에 원혜영을 영입함으로써 본격적으로 대선 청사진을 마련했다고 본다.

지도자의
결단이란

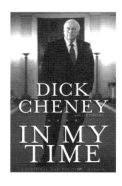

이스라엘이 시리아 원자로시설에 대해 폭격을 감행하기 직전(2007. 6. 19)
올메르트 이스라엘총리가 워싱턴에서 부시 대통령과 회담한 후 강경파
체니 부통령과 따로 만나서, "만약 미국이 공격하지 않으면 이스라엘이
할 것"이라고 통보했다. 체니는 6월 말 고위정책회의에서 이 말을 전하
고 미국이 나서서 핵시설을 파괴해야 한다고 주장한다.

시리아 핵 시설을 폭격한 이스라엘

아무도 체니의 편을 들지 않는 가운데 부시 대통령은 이스라엘 정부와 공동으로 외교적인 수단으로 해결할 것을 통보한다. 하지만 올메르트 총리는 북한의 기술지원으로 건설 중인 시리아 원자로에 대해 강경했다. "그런 방법은 이스라엘엔 맞지 않다."고 한 다음 단호하게 말을 이었다고 한다.

"이스라엘의 운명을 유엔이나 국제원자력기구IAEA의 손에 맡겨 놓을 순 없습니다. 시간이 없습니다. 원자로에 핵연료가 장전되기 전에 때려야 합니다." 그리고 9월 6일 한밤중에 이스라엘의 F-15 전폭기 편대가 시리아로 침투하여 문제의 핵시설을 완벽하게 파괴해 버렸다. 부시 대통령은 군사적 해결에 찬성하지 않았으나 이스라엘의 성공적 작전을 환영했다. 회고록에서 "올메르트는 이스라엘을 방어하기 위해 필요하다고 믿은 바를 실천한 것이다."라고 한 것이다.

이 폭격 사실은 이스라엘과 미국의 밀약으로 비밀에 부쳐졌다. 국제적으로 문제가 확산되면 체면을 손상당한 시리아가 보복에 나설 우려가 있었기 때문이다. 이스라엘의 침묵은 시리아와 북한도 입을 다물게 했다. 피해 당사국의 침묵으로 인해 오히려 파괴된 시설이 북한 요원들의 지원으로 건설된 것임을 확신시키게 되었다.

북한을 인도와 비교한 노무현

그런데 문제는 핵시설이 폭격된 바로 다음날, 노무현은 부시 대통령을 만나서 김정일과 한국전 종전선언 약속을 해 달라고 부탁했다. 한국의 최고지도자가 주적인 북의 핵무장에 대한 위험성과 동맹국 미국의 확고한 비핵의지도 간파하지 못한 채 철없이 행동한 것이다.

물론 그전부터 노무현은 "북한은 인도의 상황과 비슷한데, 인도는 핵보유가 용인되고 북한은 왜 안 되는지 이해하기 어렵다."는 사고방식을 가졌다.(위키리크스에 의해 공개된 주한 미대사관의 2006년 8월 19일자 전문―노무현 대통령은 8월 13일 자신에게 우호적인 몇 개 언론사 간부들과의 만찬 회동에서, "미국은 북한을 악랄한 존재로 여겨 문명의 규정을 강요할 것"이라고 전제하고, "여기서 중요한 것은 공정성公正性의 문제"라고 했다)

이스라엘 정보기관과 미국 CIA가 이미 한국의 국가정보원에도 북한의 시리아 원자로 건설지원 정보를 알렸지만 그렇게 막나가고 있었다. 이런 엇박자를, 당시 대북 강경파였던 딕 체니 미부통령은 회고록『IN MY TIME―나의 시대』에서, 별도로 북한을 응징하지 못한 점을 아쉽게 생각한다고 썼다.

북한은 제네바 합의에 의해 미국과 한국의 지원으로 중유를 제공받고 발전용 경수로도 건설하게 된 처지였다. 그럼에도 몰래 원자탄을 개발하고 시리아에 핵무기용 원자로를 지어 주고 있었던 것이다. 이스라엘의 지도자가 곧 닥칠 조국의 미래를 위해 결단을 내린 데 비해, 한국의 지도자는 말만으로 5년 세월을 보낸 결과 여전히 북은 더 강화된 핵으로 '남조선 불바다'를 협박하기에 이른 셈이다.

DMZ에서 미루나무 절단작전을 벌일 당시 취한 박정희의 결단처럼, '미친개에겐 몽둥이'를 들어야 했다. 노무현은 스스로 "한국의 국방력 강화는 북한이 아니라 일본과 중국을 견제하기 위해 군사적 태세를 갖추는 것"이란 도그마에 매몰되어 있었던 자다. 그로 인해 결단할 때 결단하지 못한 지도자가 되었고, 우리 젊은이들은 대신 희생을 치렀다. 서해와 연평도에서.

북한정권을 '악惡의 축軸'으로 규정했던 부시 대통령이다. 그가 2008년 10월 10일 북한을 테러지원국 명단에서 빼 주기로 결정하자, 부통령 체니는 회고록에서 그날을 '참담한 순간'이었다고 표현했다. 결국 북한은 2009년 5월에 두 번째 핵실험을 감행하게 된다.

체니가 본 부시 대북정책의 교훈

체니는 회고록에서 부시정권의 대북교섭 실패를 여섯 가지로 정리했다.

첫째, 정책의 목표를 잃어선 안 된다. 국무부는 교섭과정에서 북핵 폐기가 아니라 북한과 합의를 이루는 것을 목표로 하고 말았다.

둘째, 강한 입장에서 협상을 해야 한다. 원칙을 지켜야 하고 필요하다면 회담을 깨고, 군사력을 쓸 수 있다는 것을 알게 해야 한다.

셋째, 금지선을 지켜야 한다. 북한이 시리아에 영변 형 핵무기용 원자로를 수출한 사실을 알고도 응징하지 않은 것은 실수였다.

넷째, 전략적으로 사고해야 한다. 북한이 핵실험을 했을 때와 그들이 시리아에 원자로를 지어 주고 있음을 알았을 때 우리는 중국을 앞세워 강한 압박을 넣었어야 했는데, 기회를 놓쳤다.

다섯째, 미국은 동맹국과 함께해야 하는데, 일본과 한국을 소홀히 했다.

여섯째, 역사에서 배워야 한다. 북한은 이미 제네바 비핵화협정을 맺은 뒤에도 우라늄 농축과 대 시리아 원자로 수출을 했다. 이런 수법을 우리한테도 적용했다.

또 한 명의 대북 강경파 도날드 럼스펠드

럼스펠드 전 미 국방장관은 집무실 벽에 한반도의 밤을 찍은 인공위성 사진을 붙여 놓았었던 것으로 유명하다. 그는 포드 대통령 시절 최연소 국방장관을 거쳐, 다시 부시2세 대통령에 의해 국방장관을 하며 9·11 테러 이후 전개

된 아프가니스탄·이라크 전쟁에도 책임이 있다. 그의 회고록 『Known and Unknown−아는 것과 모르는 것들』에 소개된 에피소드를 보자.

럼스펠드는 한국의 젊은이들이 미군과 유엔군의 희생 덕분에 그런 풍요를 누리고 있다는 사실을 잘 모른다며 2003년 방한 당시의 일화를 소개했다. 서울에 도착한 그는 용산의 전쟁기념관을 방문·헌화하며, 레슬링을 같이 한 고교 동창생 딕 오키퍼의 이름을 전사자 명단에서 확인했다고 한다. 친구는 한국 전선에서 1953년 7월 27일의 휴전 하루 전에 전사했다. 당시 한국 국회는 이라크 파병 문제로 토의를 벌이고 있었는데, 서울이 내려다보이는 건물 꼭대기 층에서 한 젊은 한국 여기자가 물었다.

"왜 우리가 지구를 반 바퀴나 돌아서 이라크에 한국의 젊은 남녀들을 파견, 죽고 다치도록 해야 합니까?"

이 질문이 럼스펠드의 감정을 건드렸고, 친구 생각도 나서 여기자에게 반문했다.

"50년 전 미국은 왜 지구 반 바퀴나 돌아서 이 나라에 미국의 젊은 남녀들을 보내야 했나요?"

(화려하고 높은 서울의 빌딩숲, 자유 한국인의 근면성과 기술을 보여주는 증거물을 내려다보았다. 저 풍요는 다른 사람들의 용기와 희생을 통하여 한국인들에게 다가온 것이다. 나는 생동하고, 자유롭고, 번영하는 도시가 보이는 창을 가리키면서 말했다.)

"저게 바로 나의 답입니다."

럼스펠드는 하원의원·나토대사·백악관 수석·CEO까지 다양한 경력을 가질 수 있게 되기까지, 이른바 '럼스펠드 원칙'이란 것을 지켰다고 한다. 몇 가지만 보면,

* 대통령에게 날카롭게 짖어댈 수 있는 용기가 없다면 자리에서 물러나라.

* 세상을 "우리"와 "그들"로 나누지 말라.

* "나 아니면 안 된다."고 생각하지 말라. 드골이 말했듯이 세계의 공동묘지에는 "나 아니면 안 된다."고 생각했던 사람들로 넘쳐난다.

* 백악관은 아마추어가 일에 적응해 나갈 때까지 기다려 줄 수 있는 여유가 없다.

* A급의 인물은 A급 능력자를 채용하고 B급은 C급 정도나 겨우 채용할 수있다.

* 대통령의 생각과 다르다는 이유만으로 그들의 생각을, 대통령에게 피력할 수 있는 기회마저 차단하지 말라.

* 모든 일을 대통령이 직접 관장해야 한다는 유혹에서 벗어나라.

제2장

나오면 가만 안 둬

두 번의
다른 실험

여전히 대안후보로서 독자행보를 계속하는 안철수. 그는 2011년 서울 시장 보선에서 공개적인 박원순 지지로 적극 개입한 것과 달리 4·11 총선에선 외형상 중립적·소극적 개입으로 기회주의적인 처신을 한다. 하지만 총선 기간에 광주 전남대·대구 경북대 등 지역적인 상징을 가진 지방대학 강연과 동영상을 통한 투표참여 독려를 주문했다. 특히 민주당의 인재근·송호창 두 후보에 대한 분명한 지지 메시지는 그가 반새누리당 성향임을 분명히 보여준 실험적인 사례다.

아마 수많은 유세지원 요청을 거절하느라고 안철수는 총선기간 내내 시달렸을 것이다.

계산된 불개입효과

1·2위의 득표 차이가 1천 표도 안 되는 11곳 중에 9곳이 수도권 지역구였다. 불과 2백여 표 차이로 진 곳을 포함한 야당 열세지역에 만약 안철수가 한 번이라도 지지방문을 하고, 야권단일후보에 대한 지지 의사를 표명하였더라면 거의 승패가 뒤집어졌을 가능성이 크다. 하지만 그렇게 해서 민주당이 제1당이 되었다면 상대적으로 안철수의 주가는 떨어질 수밖에 없는 민주당의 구조적인 문제도 있다. 당이 위축될수록 올라가는 안철수의 주가다.

결국 박근혜가 승리함으로써 야당 대선후보들의 리더십에 대한 불확실성이 부각되면서 안철수의 잠재가치를 다시 보게 된 것이다. 안철수 자신도 그 점을 노려서 이중행보를 한 측면이 있다. 총선 지원에서 한 발 비켜선 결과 총선 후의 비난에서 자유롭고, 자신의 몸값은 오히려 더 높아진 여우 같은 실속을 챙겼던 것이다. 특히 예정된 부산대학교 강연을 취소한 이유도 대선국면을 감안한 측면이 있다. 즉 부산에서의 박근혜 바람을 외면함으로써, 민주당과 문재인의 행동반경에 과도한 힘을 실어주지 않겠다는 계산된 행보로 해석된다.

흔히 호남 지지를 받는 야권 대권주자에게 PK지역 득표율 30~40% 확보는 마지노선으로 통한다. 그래서 김두관은 "선거에서 승리하기 위해서는 야권연대가 절실히 필요하며, 야권연대 없이는 총선과 대선에서 승리할 수 없다."고 단언한 적이 있다. 비록 총선에서 민주당의 'PK 5~6석 목표'란 당초의 기대치엔 못 미쳤으나 부산에서 문재인·조경태

2석과 경남 김해 갑에서 민홍철이 당선되었다. 적어도 야권연대를 통한 민주당 실험이 대선 시작 전에 영남에서 희망의 싹을 본 선거라고 봐도 좋다.

노무현이 2002년 부산에서 얻었던 득표율이 29%였던데 비해, 10년 뒤 부산의 민주당 평균 득표율이 7~8% 상승했기 때문이다. 그 외 지역에서 비록 2위로 패배했지만, 민주통합당의 김해 을 김경수 후보 47.9% 득표와 양산의 송인배 후보 47.7% 득표는 지역패권구도에 균열이 가능한 위협수준이다. 무엇보다도 노조의 지지기반이 강한 창원, 의창, 마산지역에서 목표에 미달했으나 야권단일후보들이 각기 30~40%대의 의미 있는 득표를 했기 때문이다. (손석형 43.8%, 문성현 45.9%, 하귀남 38.5%, 김성진 31.2%)

득표율은 지역주의에 대한 경고장

정해구 성공회대 교수가 "의석수로 보면 지역주의가 강화되었으나, 득표율로 보면 지역주의가 무너지고 있다."는 분석을 한 근거다. 정당의 비례대표 투표성향도 비슷하다. 경남의 경우 새누리당이 53.8%로 이겼으나, 민주통합당(25.6%)과 통합진보당(10.5%)을 합하면 36.1%나 된다. 야권의 이 득표율은 겨우 20%대에 머물렀던 4년 전의 18대 총선(민주당 10.5%, 민주노동당 10.6%)과 비교하면 무려 15% 넘게 지지기반을 확충한 셈이다. 이런 총선 결과에 고무된 김두관 지사가 "부산·경남지역

유권자들로부터 받은 높은 득표율은 지역구도 극복의 가능성을 확인한 소중한 결과"라는 논평을 낼 정도였다.

총선 4일 후, 한겨레신문사의 한겨레사회정책연구소가 '한국 정치 어디로 가나'를 주제로 열었던 4·11 총선 평가 토론회장. 토론자인 김형준 명지대 교수가 새누리당 총선 승리에 대해 "반사적 승리, 위험한 승리다. 축구로 비유하면 새누리당 유효 슈팅이 하나도 없는데 이겼다. 민주당 자살골로 '1:0'이 된 결과다. 의석수로는 새누리당이 이겼으나 내용으로 보면 역대 최악의 선거다."라고 규정했다. 박근혜의 수도권 지원유세의 한계를 보여준 불안한 승리로 본 것이다.

우연한 일치겠으나 새누리당의 152석은 8년 전 열린우리당이 탄핵 후폭풍으로 얻었던 의석수와 같다. 당시 여당의 오만한 행보와 그 후의 말로가 어떻게 되었는지를 돌이켜본다면, 협상하면서 끌고 가야 할 야권연대의 140석이란 무게는 결코 만만한 상대가 아니다. 더구나 19대 국회에선 다수당이 과반의 힘으로 소수당이 반대하는 쟁점법안을 과반수로 표결처리할 수 없도록 국회법까지 개정해 놓은 상태다.

때문에 향후 국회운영과정에서 법은 제대로 통과시키지 못하고, 자칫 정국파행의 책임만 지게 되는 무능한 여당의 길을 스스로 열어놓은 감이 있다. 안철수가 노리는 등장시점이 바로 그런 때일지도 모른다.

약속어음과
자기앞수표

특강에 모인 부산대학 강당의 열기

시중에는 "안철수는 약속어음이고 박근혜는 보증수표"라는 여론이 있다. 누가 몇 명이 후보로 나서든지 2012년 12월의 결론은 하나다. 박근혜 상수常數에 안철수 변수變數가 이번 대선의 키워드다.

　배인준 「동아일보」 주필은 칼럼에서 안철수를 평하기를, "무늬 고운 강연만 하지 않고, 국회의원 후보로 총선에 뛰어들었다면 어땠을까. 문재인과는 달리 흠결 없는 리더십을 발휘했을까."라는 의문을 던지고 있다. 나아가 "'검증은 건너뛰고 신비주의로 가자'고 마음먹는다면 비겁할 뿐 아니라 그 자체로 결격이다."라고 덧붙였다.

　「조선일보」의 〈김창균 칼럼〉도 '민주당과 안철수의 단일화 샅바 싸움'이란 제목으로, 이인제의 경험담을 직접 인용하며 지지도의 무상함을 언급했다. "국민 지지 하나 믿고 뛰쳐나갔다. 대선 두 달 앞두고 신당을 만들었을 때 여론조사에서 내가 38%로 1위, 김대중 후보가 36%로 2위, 이회창 후보가 17%로 3위였다. 여야 양쪽이 융단폭격을 퍼부었다. 일주일 만에 지지율이 20%로 반 토막 났다. 대선은 세력 대對 세력 싸움이다. 제3후보에게 모였던 국민 지지는 순식간에 흩어진다."

그는 2002년의 정몽준과 2012년의 안철수가 닮은 데가 많다고 지적하며 안철수의 제3신당 후보출마에 대해 부정적이다. 1997년의 이인제, 2012년의 정몽준, 1995년 말의 고건이 전부 제3후보로서 행보에 실패하여 양당 후보 중 한쪽의 승리를 거들었다는 예를 들고 있다.

안중근 의사義士와 안철수 의사意思

아들과 서울대 의과대학 동창인 8순의 병원장 안철수 아버지는 지금도 하루 4, 5개의 신문을 읽는다고 한다. 그가 아들에 대해서 언급한 말. "내가 성격을 봐서 아는데, 큰아이는 경선하자고 해도 경선할 아이가 아냐. 절대 경선은 안 한다."고 자신있게 말했다. "올해 나올지는 나도 모른다. 얼마 전까지는 지도 모른다더라."고 대신 전했다. 아들의 대변인으로서 '절대 경선은 안 한다'는 참으로 귀한 말씀을 주셨다. 아버지는 성격이 화끈한데 아들은? 괜히 민주당만 더 긴장하게 되었다.

그렇다면 의사들은 안철수의 행동에 대해서 어떤 생각을 할까? '닥플닷컴'(의사들 포털)이 2012년 4월말 발표한 자료에 의하면, 4명 중 1명

정도(785명 중 178명)만 대선출마를 지지하는 것으로 나타났다.

사실 의사출신이라고 하지만 진료경험이 없는 안철수에게 동료의식이 없다는 점과, 행보를 명확히 하지 않는 그의 태도에 실망한 것으로 보인다. 네티즌들은 오히려 의사들의 지지를 받지 못하는 게 당연하다는 반응이다. 심지어 '의사들의 가장 가까운 동료는 돈'이기 때문이라는 비아냥거림까지 있다.

안중근 의사는 동양의 평화를 지키고 조국의 독립을 위한다는 대의명분으로 자신의 몸을 던졌다. 국민들은 한번 먹은 결심을 지키려고 미리 손가락을 잘라 맹세한 영웅적인 결단력에 대해서 흠모한다. 반면 안철수는 '상식과 비상식'이란 구도로 명분은 그럴듯하게 세웠지만 막상 박원순을 앞장세운 일과, 또 대선이란 비슷한 상황에 직면해서도 그렇게 하지 않을까 하는 의구심을 갖고 있다. 기대와 실망을 함께 주며 시간과의 싸움을 즐기는 안철수의 행보에 슬슬 짜증을 내는 단계에 들어섰다.

경선과정에서 지나치게 상대의 흠집을 내며 격렬해지면 이후에 봉합이 어렵게 된다. 이미 일강다약一强多弱구도로 고착된 새누리당의 한계는, 당의 지지도와 대세론 당사자 간에 지지도 차이가 별로 없다는 점이다. 대세론만으로 본선의 승리를 기대하기엔 초조함을 떨칠 수 없다. 당연히 12월 선거까지 중도성향의 유권자들은 여러 후보들을 비교하며 저울질하게 된다.

그런 상황이 의외로 빨리 닥친 적도 있다. 2012년 5월 11일 오후, 시사평론가 고성국이 편하게 사회를 본 MBN의 한 시사프로. 초청된 4명의 다양한 패널들은 막바지에 대선주자들 중에서 "누가 대통령이 될 것인가?"란 질문을 받고 각자가 자유롭게 판을 들었다. 그런데 4명이 동시에 들어 올린 얼굴은 전원 김두관이었다. 진행자도 방송사도 전혀 예기치 않은 돌발 상황에서 서둘러 방송을 마치고 말았던 해프닝이다. 그날 종일토록 곳곳에서 걸려오는 항의전화에 시달렸음에 틀림없다.

그렇잖아도 중립성을 의심받는 고성국은 당연히 박근혜와 한두 명 후보의 얼굴이 복수로 선택될 줄 알고 가볍게 질문했는데 그렇게 되어 버렸다. 출마선언도 안한 김두관 지사의 언론플레이가 5월부터 조기에 먹혀들기 시작한 것이다. 수시로 유통되는 안철수의 약속어음 남발에 지치기는 국민도 패널들도 마찬가지였다.

성공한 쇼의 한계

그런데 최근 흥미로운 통계 하나가 나와서 안철수의 머뭇거림을 이해할 단초를 찾게 했다. 대선 D-200일인 6월 1일 '행복출발'이란 결혼정보회사가 결혼을 앞둔 여성 487명을 대상으로 설문조사를 실시한 결과, '미래의 남편이 정치를 하겠다고 한다면'이라는 질문에 반대응답이 79.1%, 찬성한다는 의견은 17%에 불과했다고 한다. 근 80%의 여성들이 배우자가 정치하는 것을 반대한다고 하니, 안철수 역시 그런 집안환경의 지배 내지 압력을 받고 있는 것은 아닐까?

그의 혈액형은 'AB형'이다. 흔히 도무지 종잡을 수 없는 성격에 '천재 아니면 바보'라는 속설에 시달리는 문제의 AB형인 것이다. 안철수의 행동에서 전형적인 AB 스타일의 '돌출성'을 찾기란 어렵지 않다. 그의 서울시장 출마 의사도 어느 늦여름에 불쑥 던진 것이라고 했다. 오세훈의 사퇴발표가 있고 사흘 뒤 서초동 평화재단 사무실에서 안 교수가 가까운 지인들에게 "제가 서울시장 하면 안 됩니까?"라고 물었다는 후문이다.

그리고 불과 며칠 후 박원순에게 후보를 양보한 출마철회 또한 '아버지의 의절과 딸의 반대'를 내세운 의외의 결정이었다. 그렇게 그는 고향에 남은 부모의 의견에서 자유롭지 못하다. 또한 부인과 외동딸만 있는 단출한 가구의 가장이란 사실도 정치하기엔 결코 쉽지 않은 환경이다. 대선출마처럼 결정적인 결단을 해야 할 경우에는 가족구성원의 동의가 필수적인데, 그럴 경우 집안에선 1대2로 여성의 주장에 밀리게 된다. 소통구조상 대개 엄마와 딸은 같은 편이 되기 쉽다.

특히, 안철수가 박원순과 회동하기 전에 이미 출마를 포기한 상태였다는 게 지인들의 일치된 증언이다. 그렇다면 그의 '후보단일화 양보'는 서울시민을 상대로 계산된 쇼를 연출한 셈이 된다. 약속어음은 지급기일이 도래해 봐야 안다.

안/강/최의
My Way 엿보기

간혹 '이름대로 산다'는 말이 딱 들어맞는 경우도 있다. 과연 이름이 운명을 좌우할까? 해군장교 출신의 배수영이란 실존인물. 그는 '배'와 '수영'이 통하는 해군에 지원하여 영관장교까지 근무했다. 그것도 운명인데, 1988년 당시 서울올림픽 조직위원회 간부로 재직 중 부산에 올림픽 종목인 요트장이 건설되자 경기장 책임자가 되어 부산으로 내려간다. 그런데 요트계류장이 있는 지명이 바로 '수영만'이었고, 그 한글명 영어 표기가 'Sooyoung bay'다. 참으로 절묘하게 배수영이란 자신의 이름과 맞아 떨어지지 않는가.

성명철학이란 분야도 있고, 이름자획수를 풀어서 운명을 보는 곳이 성행할 수밖에.

그런 측면에서 안철수란 이름은 대권도전에 관한 한 이름 자체에서 두 번이나 부정적 뉘앙스를 담고 있다. '안'은 '아니'의 준말이고 '철수'는 '물러서다'는 한자다. 하지만 부정의 부정은 긍정이 된다. 상황을 봐서 대권에 도전을 할 수도 있고 안 할 수도 있다는 헷갈린 해석이 가능한 유동적인 성격을 내포한다. 실제로 그는 잠수와 부상의 행보를 번갈아 하며 대선주자로 주식시장에서 작전세력들의 꽃놀이패감이 되고 있다.

서울시장 출마설이 나돌 때도 그랬지만, 언론의 집요한 대선출마여부 질문에도 이런저런 핑계를 대며 말을 돌릴 수밖에 없는 운명적인 이름이다. 그가 비정치인이란 점을 감안하더라도 자신에게 몰린 언론과 대중의 관심을 요령껏 즐기고 놀리는 듯한 감이 있다. 하지만 좀처럼 여·야의 정치적 유혹에 흔들리지 않는 인성의 소유자로 욕을 먹으면서도 자신만의 둥지를 지키며 진을 빼고 있다.

'안/강/최' 3성의 강성기질

'안/강/최'―이 세 가지 성은 대한민국 성씨 중에서 고집이 세기로 거의 공인(?)된 대표 성씨 서열이다. 부정적 시각에서 볼 때 고집이지만 긍정적으로 보면 자기주장과 확신이 강한 성씨란 뜻이다. 물론 일반화할 수 있는 사례는 아니지만, 주위를 둘러보면 재미있는 세 성씨의 개성을 엿

볼 수 있다. 안철수의 과거를 파헤치며 일약 유명인사가 된 강용석. 그는 KBS '개그콘서트'에서 국회의원을 풍자소재로 삼아 모욕했다는 이유로 개그맨 최효종을 고소했다가 취하하자 둘 다 유명세를 타게 되는 반전효과를 본다. 이렇듯이 우연이지만 안/강/최 세 성씨들이 정치와 관련해서 얽히고설키는 한 단면을 엿볼 수 있다.

그중에서 특히 신념이 투철했던 안씨들을 보자. 일제 강점기의 선각자 도산 안창호나 국내에서 비밀리에 군자금 조달을 담당했던 부산의 백산상회 안희재 선생, 하얼빈 역사에서 이토 히로부미를 향해 권총을 발사하고도 당당하게 처신한 안중근처럼 성정이 강고했던 독립투사들의 면모가 그렇다. 반면 백범 김구를 암살했던 청년 장교 안두희도 있다. 안철수의 부친 안영모 선생이 부산의 낙후된 지역에 정착하여 팔순이 될 때까지 근 반세기나 운영한 범천의원의 경영철학도 그런 안씨 특유의 외고집 면모다.

강씨들의 기개도 만만치 않다. 1919년 서울역에서 부임하는 신임 총독 사이토를 향하여 폭탄을 투척한 독립투사 강우규, 5·16 당시 육사 교장으로 생도들의 쿠데타 지지 시가행진을 거부했던 육군 소장 강영훈, 훈련 중 떨어진 수류탄을 자신의 몸으로 덮어서 부하를 살렸던 소령 강재구, 국내 최초의 시각장애인 출신 박사로 미 백악관 차관보를 지낸 강영우, 노 정권시절 끝까지 종북 좌파의 신념을 고수해 파장을 일으켰던 동국대 교수 강정구.

한 줄짜리 해금 하나로 국악을 세계에 알리고 나선 강은일, 불과 10년 만에 자산규모 13위로 STX그룹을 키운 CEO 강덕수, 재일동포 출신으로 한국국적의 최초 도쿄대 교수 강상중.("고민은 축복이다. 행복의 열쇠다."라는 고민예찬론자로 안철수가 인정하는 학자) 세계최고의 인천공항 건설책임에 이어 여수엑스포 조직위를 맡은 강동석의 추진력도 있다.

최씨는 당시 세계 최강 몽고대군과 싸우다 강화에서 제주도까지 내려가며 끝까지 저항했던 고려 삼별초를 이끈 무신정권의 피가 흐른다. '황금을 보기를 돌같이' 했던 최영장군, 단발령에 항의하여 '차두가단 차발불가단此頭可斷 此髮不可斷'(이 머리는 잘라도 이 머리털은 자를 수 없다)을 선언하고, 끌려간 대마도에서 단식사를 선택한 면암勉庵 최익현, 조선조의 경주 최 부잣집에서 전승된 일화를 비롯한 숱한 '최 고집'들의 얘기도 많다.

그 외 한 분야에서 최초를 기록했던 최씨들도 많다. 12세 어린 시절 당나라로 유학 가서 18세에 장원급제했던 신라 말의 문장가 고운孤雲 최치원, 무려 천 권 이상 책을 집필했다는 조선조 말 기철학의 대가 혜강惠岡 최한기, 한국 근대무용을 개척한 최승희, 납북자 신세에서 북한을 탈출해 나왔던 여배우 최은희의 기구한 운명, 대하소설『혼불』10권 집필에 만 17년 동안 매달렸던 최명희의 투혼, PGA무대를 처음 노크했던 프로골퍼 최경주의 인생역전, 시각장애인 출신 판사 최영이 그런 성향의 독종들이다.

20년째 휠체어에서 투병 중인 YS대권의 1등 공신 최형우, MB의 고집불통 멘토 최시중과 그를 협박했던 운전기사 최 모 씨. 그 사건을 수사한 대검 중수부장 최재경. 우연이지만 MB정권의 가장 큰 실세 대어를 낚는 데 3명의 최씨가 등장한 것이다.

정치판의 한 성깔

2012년 19대 총선에서 민주통합당 비례대표공천 심사위원장으로 영입되었던 안병욱. 그는 "사회단체나 직능단체 등의 추천서를 일절 받지 않겠다."고 미리 선부터 긋는 기자회견을 했다. "통상적으로 비례대표는 계파와 지분 안배가 주 코드였던 것 같은데 어떤 형태로든 철저히 배제하겠다. 기득권을 인정하지 않고 백지상태에서 출발하겠다. …… 당에서 인재를 발굴해 추천하는 것을 거절할 필요는 없으나 구태정치 형태로 반복하는 것은 결단코 제어하겠다."고 싸늘하게 선언해 버렸다.

'철저히 배제' '결단코 제어' 등 동원된 단어만 봐도 안씨 특유의 개성을 엿볼 수 있다. 하지만 결과는 그의 뜻대로 되지 않고 계파 간의 나눠먹기로 마무리되었다는 평가를 들었다. 시인 안도현도 안병욱과 함께 당시 심사위원을 맡았다. 그는 "비례대표 후보 선정 작업을 끝내고 집으로 돌아가는 길에 눈물이 쏟아졌다. 때로는 정치인들에게 희롱 당했다는 생각도 들었다."고 술회했다.

안씨 특유의 성질을 참고 견디자니 분통이 터진 것이다. "당 지도부의 지나친 개입은 비례대표 후보선정 과정에서도 어김없이 재연됐다."며 보이지 않은 손의 개입을 주장한 후, 최고위원을 사퇴했던 "박영선이야말로 공심위를 흔든 사람"이라고 직격탄을 날려 화를 풀고 나가야만 했다.

노무현 정부의 국가인권위원장을 지낸 법학자 안경환. 그는 MB정부가 들어선 후 인권위 조직과 정원을 축소하려는 정부 방침에 반발하며

2009년 7월 위원장을 자진 사퇴했던 인물이다. 당연히 그냥 물러날 안 씨가 아니었다. "현 정부가 국가 브랜드 이미지를 말하는데, 인권은 수억 달러의 가치를 지닌 것이다. 이 정부와는 정말 소통이 안 된다."고 독침을 한 방 놓고 나갔다.

역시 그 시절의 비슷한 강성 인물 안강민. 그는 2008년 총선 당시 한나라당에 영입된 검찰출신의 공천 심사위원장이었다. 소위 '친박 학살' 공천의 총대를 멘 당사자로 '저승사자'란 말을 들었다.

최근 부각된 재미 언론인으로 안치용. 그는 『시크릿 오브 코리아—대한민국 대통령, 재벌의 X파일』이란 책의 저자로서 장차 MB의 미래에 적지 않은 고난을 예고하고 있다. 이 책은 여러 증거들을 동원하여 이명박이 BBK와 다스의 실소유주라는 의혹을 구체적으로 제기한 파괴력에서 주목된다. 특히 한국에 수감 중인 김경준이 미국 LA카운티 법정에서 진행 중인 투자금 반환청구 소송과 관련해, 2010년에 보낸 청원서를 첫 번째 증거로 든다.

그 청원은 '한국의 이명박 대통령이 소송의 당사자이며, 이 소송의 피고인 BBK와 MAF, 원고인 다스 그리고 소위 LKE뱅크 등 5개사에 대한 전권을 행사하는 실소유주'라고 주장한다. 한국 교도소 수감자 처지에서 현직 대통령의 차명 재산에 대해 의혹을 제기한 자체가 파격적이다. 이런 성격의 책 출간은 재미언론인 신분이라 해도 결코 쉬운 결단이 아니다. 그는 출간 후 인터뷰를 통해, "상식이 통하는 세상을 만들기 위해 지금보다 더 독해질 것이다."라고 후속폭로를 예고하고 있다.

강씨들도 만만치 않다. 2007년 대선 때 한나라당 대표였던 강재섭도 그런 별종이다. 그는 박근혜의 각별한 지원으로 선출된 대표임에도 불구하고, MB쪽에 유리하게 경선 룰을 양보하도록 유도한다. 결국 그 배신의 대가로 정치판에서 퇴출된 바 있다. 반면, 끝까지 친박으로 남아 MB의 도움요청을 거부한 후 19대 총선으로 재기한 소신파 강창희. DJ지분으로 정치에 입문하여 YS핵심으로 당 사무총장까지 지낸 후 몰락한 고집불통 강삼재도 있었다.

19대 총선의 민주통합당 공천심사위원장 강철규. 그는 경제정의실천시민연합공동대표·공정거래위원회위원장·부패방지위원회 초대 위원장이란 경력에서 보듯이 부패를 감시하는 역할을 주로 했다. 그만큼 줏대와 공평무사한 판단이 필요한 자리다. 공심위의 결정이 최고위원회에서 유보되자 항의표시로 공천심사를 잠시 중단한 후, 심사를 재개하면서, "공천은 겉으로만 시스템을 만들어놓고 뒤에서 리모컨으로 하는게 아니다."라며 당 지도부에 대놓고 비판을 할 정도로 강성이다.

마지막으로 4월말 서울 여의도의 중식당에서 있었던 한 의원의 돌출 행동. 박근혜 비대위원장이 19대 총선에서 공천을 받지 못한 새누리당 의원들을 초청하여 위로하는 자리였다. 그런데, "먹고 살기 힘들어 자살하는 사람들도 많은데 무엇하러 이렇게 비싼 곳에서 밥을 먹는가. 이런 데서 난 밥이 넘어가지 않는다."는 매몰찬 말을 면전에서 쏘아붙이고 홀연히 자리를 박차고 나갔다. 18대 총선에서 한나라당 비례대표 1

번을 받았던 친이계 강명순 의원으로, 그녀는 공천 명단에 대한 불만을 그런 식으로 표출했던 것이다.

그뿐만 아니다. 강 의원은 2011년 2월 9일 개헌 관련 의원총회에서 "나는 개발독재시대에 소외된 사람들을 위해 35년 동안 정말 '죽을 똥'을 싸면서 판자촌에서 일했다. 당시엔 경제개발에만 신경을 썼지, 가난한 사람들 생각은 하지 않았다. 그런 의미에서 박 전 대표는 저에게 빚을 졌다. 박 전 대표는 당시 청와대에서 호의호식하지 않았느냐?"고 독설을 퍼부었던 전과도 있었다. 감히 미래권력 박근혜 앞에서 조금도 주눅 들지 않고 할 말을 다해야 직성이 풀리는 강씨들의 강성기질…….

한 성질 하는 강씨 DNA는 연예인들에게서도 발견할 수 있다. MBC의 '나는 가수다'에서 허락 없이 사용된 자신의 음원을 사용하지 못하도록 했던 반항적인 이미지의 삐딱이 가수 강산에도 그런 류다. 가왕 조용필도 어필하지 않았던 문제를 오직 강산에만 창작물에 대한 자존심을 이유로 잠시 원칙을 고수했던 것이다.

강호동은 최정상의 MC란 위치에서도 탈세의혹을 받자 기자회견 한 번으로 미련 없이 방송을 접고 TV밖으로 나가버렸다.(영화배우 최민수가 불미스런 폭력문제로 사과 기자회견을 한 후 산 속으로 은둔했던 사례를 벤치마킹한 듯) 천하장사 출신의 씨름선수가 생소한 연예계로 들어가서 다른 인생을 시작할 수 있었던 용단도 타고난 기질 덕분이다.

안병훈-강창희-최병렬 VS 안철수-강인철-최석호

안/강/최 성씨를 가진 모든 이들을 전부 단정하기엔 그렇지만, 항간에 박근혜의 원로 조언자들로 알려진 이른바 '실체가 없는 7인회' 멤버들 속에서도 볼 수 있다. 안병훈 전 조선일보 부사장, 강창희 의원, 최병렬 전 한나라당 대표가 그들이다. 그리고 또 한 명, 박근혜가 등장하는 어떤 공식장소에도 그림자처럼 밀착해서 따르는 수행비서 안봉근(출입 기자들 사이엔 '안봉근열사'라고 불린다)도 있다.

안철수 쪽에도 있다. '청춘콘서트' 동업자였던 법륜스님의 속명은 최석호다. 두 사람이 1년 동안 전국을 훑으며 바람을 일으키고, 마침내 '제3세력'으로 부상하여 '신당설'까지 확산시켰던 동력의 원천. 그게 바로 '안씨와 최씨' 고집이 손을 잡았기 때문 아닐까? 그들이 제3신당을 만들기로 논의했다가 막판에 무산된 스토리도 결국은 뚜렷한 개성이 일조했다고 본다.

윤여준은 한 인터뷰에서 "이들 사이에 의견이 서로 충돌할 경우 특히 안철수의 정치적 행보에 관해 성격상 조정이 쉽지 않게 된다."고 분명히 안씨와 최씨를 염두에 둔 '성격상'이란 단어를 쓰고 있다. 그런데 가장 핵심적인 조직이 될 안철수재단의 구성을 책임진 변호사가 강인철이니, 여기도 안/강/최 세 성씨의 My Way 조합이 절묘하게 들어맞은 케이스다.

재촉 받는
대선출마

대선출마를 선언하지 않은 상태에서 안철수에 대한 여론조사는 사실 단순한 참고자료에 불과하다. 그럼에도 불구하고 안철수 변수를 계속 여론조사 설문에 올리는 이유는, 20~40대 유권자들이 대선주자로 가장 선호하는 유일한 박근혜의 맞수이기 때문이다.

『주간경향』 창간 20주년에 실시한 전화여론조사(한국사회여론연구소KSOI 5월19일~20일 1,000명 대상)에 의하면, 응답자의 거의 반(49.7%)이 안철수의 출마를 반대했다. 반면 출마 찬성은 40.9%로 거의 백중세다. 그런데 응답자의 70.3%가 불출마의 경우 중립을 요구했고, 출마한다면 '독자 출마'를 원한다는 응답이 36.5%였다. 야권에서 목을 맬 만하다. 안철수가 박근혜와의 양자대결에선 53.1% 대 43.2%로 열세지만, 야권후보와의 대결에선 안철수가 압도적 우세를 보이고 있으니.

그래서 비슷한 시기에 「한겨레」 성한용 기자는 '안철수 대통령은 없다'는 칼럼을 통해 "민주통합당 정치인들에게 안철수 서울대 융합과학기술대학원장은 '악몽'이다."라고 박근혜─안철수 양강구도의 공고함을 지적했다. 그 칼럼에서는 안철수 현상의 지속적 배경을 세 가지로 압축한다. 언론사의 관심, 야권 대선주자들의 부진, 새로운 정치에 대한 요구와 사회적 공헌도를 들고 있다. 2007년 출마했던 문국현 후보의 실패와 비교하며, 성 기자는 보다 근본적인 문제를 들여다보았다.

즉 안철수의 정치경험 부족으로 인한 인적 네트워크 부실과 의식수준을 봐서 대통령이 되어선 안 된다고 결론짓는다. 게다가 "'역사의 물결을 거스르는' 세력의 재집권을 원하지 않는다면 대선후보 자리에서 비켜줬으면 좋겠다."고까지 야박한 충고를 한다. 야당이 초조한 만큼 진보적인 성향의 기자들도 초조해지기 시작한 듯 보인다. 정작 안철수는 여전히 대학특강을 하며 정치참여에는 선문답 같은 처신을 계속하니, 참다 참다가 속이 터진 일갈이다.

우리 정치사에서 대학교수가 대권을 기웃거렸던 경우, 본선에 오르지도 못할 뿐 아니라 경선에서도 별 지지를 못 받고 외면 받았다. 대충 20년간의 계보를 봐도 정주영 회장에 맞선 김동길, 이회창에 맞선 조순·이수성·이홍구, 박근혜에 맞서고 있는 정운찬·박세일 등. 흔적도 없이 정치권 밖으로 밀려났다. 안철수 교수가 자신은 예외라고 생각할지 모르나, 일단 본격적으로 대중에 노출되기 시작하면 신비한 효과는 반감되기 마련이다.

특히 박세일 교수 같은 경우 『대한민국 국가전략』『창조적 세계화론』등 비중 있는 연구 성과를 내놓은 '보수 우파의 이론적 대부'였다. 그가 2010년 말부터 선진화와 통일이라는 기치를 든 후, 생각만큼 세력이 모이지 않자 직접 '국민생각'이란 정당을 만들어 총선에 실패한 것도 바로 교수의 한계였다. 안철수 개인의 지지도를 자산으로 국민을 상대하여 정치하는 문제도, 직접 제3의 당을 만들어 세를 불리는 것도, 박세일 교수의 참담함에서 보듯이 결코 쉽지 않다는 반증이다.

각본 없는 드라마의 주역

2012년 5월 19일 UEFA(유럽축구연맹) 챔피언스리그 결승전. 바이에른 뮌헨의 선제골로 시종 끌려가던 첼시에 후반 동점골을 선사하며 마침내 우승컵을 안겨준 1등 공신 드로그바. 그야말로 각본 없는 드라마의 주인공이었다. 그는 2004년 첼시 입단 이래 총 341경기에서 157골을 기록했던 에이스였다. 그러나 생애 최고의 영광을 차지한 순간, 미련 없이 팀을 떠나기로 결정하고 공식홈페이지에 고별사를 올린다.

"팀으로서 우리는 이룰 수 있는 모든 것을 이뤘다. 지난 토요일은 클럽과 관련된 모든 사람들에게 특별한 순간이었다. 첼시를 위해 수많은 트로피를 들 수 있도록 일조한 것을 매우 자랑스럽게 생각하고 있다."라고 담담하게 소회를 밝히고 떠났다. 그가 새로운 이적 팀을 결정하지도 않은 상태에서 새로운 도전을 위해 첼시를 버린 것이다.

그런데 안철수 교수야말로 박수칠 때 떠나는 모습이 얼마나 멋있는가를 잘 아는 인물이지 않은가. 교수직과 장관직 제의, 창업한 회사의 CEO, 거액의 M&A제의, 안정된 수익, 다된 서울시장후보도 포기하는 판에 까짓 될지 안 될지 불투명한 대통령 후보가 대체 뭐 길래! 어차피 각본 없는 드라마의 주역 경험도 했는데 말이다.

손학규는 민주당의 대선후보로 나올 인물들이 자신들의 콘텐츠가 없이 일방적으로 안철수에게 구애하는 저자세를 비판한다. "국민들에게 희망을 줘서 대선에 이길 생각을 해야 한다. 지금 정치가 지역, 세력구도 등 '구도'로만 뒤덮여있다. '왜' 이겨야 한다, '무엇을' 해야 한다는 것은 실종돼 있고 무슨 야권연대니 공동정부니 '어떻게'만 있다. 제대로 된 목표의 상실이다." 곰곰 생각해 보면, 안철수는 우군이 많은 것 같으나 실은 대선출마를 선언하는 순간부터 사방에 모든 정치인들이 다 적이 된다. 그는 모른다.

친 민주당
노선으로 청와대 행

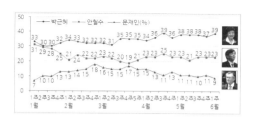

오랫동안 미궁에 빠진 사건도 의외의 작은 단서 하나를 계기로 풀 수 있다. 마찬가지로 안철수의 대선행보를 짐작하는 좋은 실마리가 노출되었다. 공보담당으로 노 정권 시절의 춘추관장 유민영을 영입한 사실은, 시기 면에서 본격적인 몸 풀기가 임박한 것으로 해석된다. 나아가 향후 어떤 경우라도 안철수는 친 민주당 노선을 통해 대선가도에 진입하리라는 점을 예측할 수 있다.

김근태–박선숙–유민영–박경철–송호창

유민영은 김근태의 비서관 출신이니 안철수가 김근태의 빈소를 찾았던 시기 이전부터 안면이 있는 셈이다. 그는 안철수의 최측근인 친 민주당 성향의 박경철과도 이미 가까운 사이라고 했다. 따라서 전북 남원 출신의 40대 유민영을 고리로 재야와 친노를 링크한 셈이다. 그가 서울시장 보궐선거 때 박원순의 캠프에서 공보 쪽에 일한 경력을 조합하면, 당시 대변인을 했던 송호창 변호사와도 연결된다. 그렇게 보면 안철수가 총선에 지원메시지를 보낸 후보가 하필 인재근과 송호창 두 사람뿐인가를 이해할 수 있다.

노무현은 집권 후반기에 재야경력의 콤플렉스를 메우기 위해 김근태와 이해찬을 당정 수뇌부로 끌어들였다. 이해찬의 비서관 출신인 유시민이 친노 측근이었음을 감안하면, 안철수의 유민영 영입은 노무현의 유시민 활용에 비견되는 카드다. 그전에 여성계의 친 DJ 대모인 박영숙을 안철수재단 이사장으로 영입한 것도 자연스런 사전 포석이다.

크게 보면 그가 도움을 주었던 박원순 서울시장, 김근태의 재야 인맥, DJ의 정치 인맥, 친노 청와대 인맥을 1단계로 끌어들였다고 본다. 더구나 김근태가 손학규의 절친이니 민주당 대선후보 손학규와도 한발 가깝게 다가선 셈이다. 안철수의 초기 인맥으로 정치권에 비중이 높았던 김종인과 윤여준이 거리를 두게 된 것도, 알고 보면 두 사람의 친 여당 성향과 결코 무관하지 않다.

안철수의 단국대 의대교수 경력이 단국대를 졸업한 박원순과 궁합이 맞았듯이, 벤처기업인 안철수가 POSCO와 KAIST, 서울대학을 거치며 쌓은 학맥 또한 무시할 수 없다. 특히 전국을 무대로 하여 다양한 형태로 청년들과 대중강좌를 통해서 만난 횟수의 누적은 어떤 대선후보도 따라하지 못할 그만의 자산이 되었다. 안철수란 이름에는 어느새 청춘이란 단어까지 오버랩 되고 있다.

직접 개입하지 않았지만, 청춘콘서트에서 맺은 지원봉사자들은 19대 총선에서 '청년당'을 만들어서 작은 실험도 거쳤다. 박경철 원장은 총선을 앞두고 청년당 중앙 당사를 방문했다. 지역구에 출마하는 두 후보와 비례대표로 나선 후보 등 30여 명의 당원들과 만나서, "세상의 모든 시작은 처절할 정도로 힘든 것이므로 청년당이 포기하지 않는 모습을 보여준다면 국민의 마음을 움직일 수 있을 것"이라고 격려했다. 하지만 기호 17번의 청년당은 7명의 후보를 내고 0.34%의 지지밖에 받지 못해 해산되었다.

1,000만이 넘는다는 기독교인을 대표해서 창당했다는 '기독당'과 '한국기독당'이 각각 1.2%와 0.3% 지지로 총 31만여 표를 받은 것에 비하면 비교적 괜찮은 성적이다. 더구나 기독당은 벌써 세 번째 도전이니……. 청년당에 앞서 박세일 교수가 창당한 '국민생각'도 0.73% 지지율에 불과했던 사실과도 비교된다. 비록 청년당은 급조되었으나, 한 달만에 7만여 명 유권자로부터 지지를 받으며 제3의 정치행보를 일단 결행했다는 사실에 의미가 있다.

그러니 다시 때가 되면, 얼마든지 의미 있는 숫자로 재결집하여 안철수의 전위세력이 되어 전초기지가 될 가능성이 크다.

문재인의
공동정부 유혹

문재인은 '공동작업'에 강하다. 노무현과의 합동변호사 사무실 운영에서 청와대 비서실 운영, 그리고 노무현재단 운영과 '혁신과 통합'을 통해 민주통합당을 창당한 과정까지 30년 인생이 합작으로 이어진 삶이다. 특전사의 베테랑 수중폭파요원 경력도 바닷속에서 조원들과 호흡과 손발을 잘 맞춘 공동작업의 결과였다.

1980년 5월은 장소에 따라 핏빛으로 물드는 하늘을 볼 수 있었다. 복학생 문재인은 5월의 학생시위 대열에서 계엄포고령 위반으로 5년 만에 다시 구속되었다. 그런데 군법회의를 기다리던 29세 날개 꺾인 청년이 수감된 유치장으로 봄에 치렀던 사법시험 합격 소식이 날아든다. 그 합격증 한 장이 〈변호사 노무현·문재인 합동법률사무소〉 간판으로 이어진 '노무현 그림자'의 시작이었던 것이다.

김두관은 "노무현 전 대통령의 가치와 정신만 계승해서는 희망이 있겠나."며, 문재인이 갖고 있는 비전과 가치를 갖고 '문재인의 정치'를 해야 한다고 지적한 바 있다. 문재인이 안철수에게 공개적으로 제안했던 '공동정부 수립' 인터뷰(「한겨레」-2012. 5. 11)도 그런 배경에서 출발한 셈이다. 민주개혁 세력만 단합하면 대선에서 이길 수 있다는 확신에서라기보다는, 김두관이란 잠재적 경쟁자에 대한 초조감에 기인한 것이라고 본다.

가깝게는 2002년 11월 노무현이 정몽준에게 제안했던 후보단일화와 외형상 비슷하고, 멀게는 DJ가 JP를 끌어들였던 파기된 내각제개헌 조건과 유사한 유혹이다. 잘된다면 좋지만 상호 신뢰관계가 없는 상태에서는 꼼수로 의심받을 수 있는 조건. 안철수 캠프에선 정몽준이 당했다고 판단했던 그 당시의 상황을 다시 음미해 볼 수밖에 없는 제안이 된다.

만약 성사되면 그들은 진부한 여론조사보다는 국민들이 전혀 예기치 못한 방식의 감동적인 단일화 이벤트를 모색할 가능성이 크다. 무엇보다도 안철수의 말 한마디 위력이 때론 박근혜 후보는 물론 대통령을 능가한다. 그가 언제든지 누구와 연대 한다는 말만으로도 일약 누군가를 제2의 박원순으로 만들어 낼 수 있다. 특히 여·야 구분 없이 PK출신의 대중성 있는 거물들끼리 짝짓기를 하는 것은 야권승리의 최소조건인 마당이다.

김무성의 수상한 호남 행

그렇게 보면 친박의 주류에서 밀려 새누리당에서 설 자리가 애매해진 PK 김무성의 행보에 작은 무게가 실린다. 넥타이를 풀고 면바지를 입고 시골길을 걸었다고 서민이 될 수 없는 김무성의 태생적인 한계. 총선 공천에 앞서 백의종군을 선언한 그가 호남행을 통해 변신을 꿈꾸려는 의도가 엿보인다. 하지만 아무리 발버둥 쳐도 YS의 영향력에서 결코 벗어날 수 없다. 신당 창당의 명분도 없고 당선가능성도 없어서 출마를 포기한 사실을 두고 스스로 대단한 결단으로 포장하고 있다. 그건 일시적으로 모반(?)을 꿈꾸다가 세부족으로 접은 헤프닝이다.

서울신문과의 인터뷰에서 "지역감정을 해소해야 한다고 생각했다. 우리 아버지는 호남에 큰 기업을 세우셨고 나도 민주화추진협의회 하면서 지역감정 해결에 관심이 많았다."고 했다. 그러나 문맥대로 읽기에는 어딘지 미심쩍다. 지역감정을 푸는 열쇠에 대한 질문을 받고, "YS 때 청와대 민정비서관실에 60여 명이 있었는데 그중 호남 출신은 한 명도 없었다."는 부끄러운 예를 들었다.

감추어야 할 사실을 들추어서, 가만있는 YS를 끌어들여 욕 먹이고 자신이 우국지사인양 하는 처신. 그 배낭여행에 동행했던 두 김씨는 총선에서 낙마한 김선동과 김성수 의원이다. 2007년 대선 경선 당시의 조직인 호남지역 당협위원장들까지 따라갔다고 한다. 그것도 부족해서 낙방인사들을 규합하여 멀리 미국 서부여행단도 꾸려갔다. 민심탐방과 암중모색을 구실로 뭔가 다른 꿈을 염두에 둔 수상한 여행이 아닐까.

왜냐하면 꽉 막힌 정치판에서 '민추협' 정신을 들먹이면 손잡지 못할 동지가 없고 합하지 못할 정파도 없기 때문이다.

시점에 따라선 문재인과 안철수가 만나는 것보다 문재인과 김무성, 또는 김두관과 김무성의 회동이 더 빅뉴스가 될 여지가 있다. 문재인의 공동정부 유혹은 얼마든지 진화가 가능하다. 그런 차선의 짝짓기 여부가 야권의 경선 변수와 함께 시간이 갈수록 현실화될 수 있다. 그렇게 상황이 바뀌는 게 전적으로 박근혜 후보의 심중에 달린 것이 문재인보다 진짜 문제인 것이다.

희생타 날린
문성근

그들은 4 · 11일 총선을 '쥐 잡는 날'로 선포하고 쥐(MB)를 잡으려다 오히려 쥐덫에 걸린 격이 되고 말았다. 총선에서 승리하면 "MB의 임기가 하루 남더라도 탄핵을 하겠다."고 기고만장했던 문성근의 선동. 또한 BBK사건을 국정조사 하도록 하겠다던 '나꼼수'의 발언은, 떡 줄 사람 생각도 안하던 중도성향의 유권자들 입장에서 보면 김칫국부터 챙겨먹는 무례한 공약이었다.

민주당은 통합진보당과의 야권연대로 총선의 승기를 잡자마자, '한미FTA 폐지'와 '제주해군기지 반대'라는 헛발질부터 했다. 자신들의 정부에서 총대를 메고 추진했던 국책사업까지 뒤집는 말 바꾸기를 함으로써, 스스로 '믿을 수 없는 집단'임을 증명하는 자가당착을 자초한 결과다.

그러나 두 문씨의 '낙동강 벨트' 투표율이 부산에서 각 1·2위를 기록했다는 사실은 12월 대선을 앞둔 그들에게는 성공적인 시뮬레이션으로 볼 수도 있다. 부산 평균 투표율(54.6%)에 비해 문성근의 강서구 투표율은 60.9%, 문재인의 사상구는 57.4%였다. 특히 문성근의 석패는, 전혀 연고가 없는 지역에 출마하여 부산의 '야성野性'을 깨웠다는 점에서 희생타를 날리는 역할을 충분히 해낸 셈이다.

심리적 패배감이 더 문제

그러나 문재인이 부산의 박풍을 막느라고 바로 옆 동네에서 고전하던 문성근을 지켜내지 못한 것은 민주당의 대선 전략상 통탄할 전력 상실이었다. 노 정권 시절 치른 모든 재·보선에서 전승한 상승장군 박근혜를 상대로 한 싸움은 문재인에겐 버거운 전투였다. 문성근은 북·강서을 선거에서 진 이유에 대해 부산 젊은이들이 '나꼼수'를 안 듣는 환경과 새누리당은 대통령 후보로 생각하는 인물이 있었고 민주당은 대선후보가 없었다는 점을 들었다.

문성근은 총선 직후 4·11 총선 결과에 대해 "이 정도 균형이 맞는건 탄핵 후폭풍 후 처음"이라며 "탄핵 정국 이후 민주진영이 가장 약진한 것"이라고 평가했다. 그는 서울 여의도공원에서 MBC노조와 만난자리에서도, "이렇게 가면 우리가 12월 대선에서 이긴다. 절대 기죽을 필요 없다."며 격려했다. 졌다는 건 기대를 그만큼 했기 때문이라고 방어한다. 해서 민주당이 총선에서 오만으로 졌다고 하는 논리는 수구언론이 갖다 씌운 용어로 본다.

새누리당은 정당투표에서는 40%대 초반 지지만 받았다. 특히 서울·경기 지역에서 야당에 많은 표차로 패했다는 사실은, 영남을 거점으로 북진하려는 박근혜의 주력군에게 수도권이 얼마나 촘촘한 지뢰밭인가를 알려준 경고였다. 다행스런 사실은 새누리당에게 이명박 측근의 정치적 부패 책임을 완전히 전가하지 않았다는 점이다.

고착된 영호남의 지역정서 탓에 역대 선거의 승패는 늘 수도권이 좌우했다. 2002년 대선의 노무현과 이회창의 서울득표 차이가 51.3% 대 45.0%였다. 때문에 박근혜는 그 격차를 영남권에서 만회할 전략적인 유세가 필요했다. 총선기간에 부산을 무려 다섯 차례나 방문하며 야당 바람 차단에 진력했던 이유다. 그 결과 박근혜의 유세지원에 상대적으로 소외된 수도권에서 이재오와 정몽준은 턱걸이하듯 살아남았다. 정몽준의 측근 신상진과 김문수 지사의 최측근 차명진과 임해규가 낙선함으로써 잠재적 대권경쟁자들은 전부 당내의 기반을 잃고 친박의 절대적인 우위체제로 세력재편된 것이다.

민주당은 18대 총선 시 81석에 불과했던 의석을 127석으로 50%이상 늘려 진보당의 13석을 합하면 140석으로 크게 약진하였다. 그럼에도 불구하고 다 이긴 총선을 망쳤다는 상실감에서 심정적으로 패배를 자인했다. 그러나 부산에서 확보한 민주당 의석수는 비록 2곳에 불과하지만 18개 전 선거구에서 획득한 민주당 후보들의 평균 득표율은

40%대를 기록했다.

이 지표는 지난 2002년 대선 당시 노무현이 부산에서 얻었던 득표율을 10%나 상회하는 희망적인 성적이다. 더욱이 4년 전 18대 총선에 출마했던 11명의 민주당후보 중 당선된 조경태를 제외한 10명이 모두 20%대의 지지만 받았던 결과에 비추면 크게 약진한 당세다. 승패는 병가지상사兵家之常事라 절치부심하며 반전기회를 찾으려 할 것이다. PK 민심을 10년 만에 10%나 끌어올린 상태에서 다시 12월의 일전을 대비하고 있다.

문제는 야권후보 간 연대도 숙제지만 그보다 앞서 진보당과의 야권연대 재구축 여부에 달려있다. 희생플라이로 아웃된 문성근은 결코 만만하게 볼 인물이 아니다. 대선 시즌이 다가오면 좀 더 근력을 키운 몸으로 유세 선두에 나서 '타도 박근혜'를 선동할 것이다.

제3장
트로이의 목마

양당구도의
트릭

27살 처녀를 부산의 격전지에 전략공천 했던 새누리당. 여고 학생회장 출신으로 대학을 졸업하고 잠시 홍보회사에 다닌 게 전부인 손수조는 절대 반전될 수 없는 바둑판에 던져졌던 돌 하나에 불과했다. 행여 거물급 인사를 공천했다가 문재인에 패할 경우, 박근혜가 입을 정치적 타격을 우려해 밑져야 본전인 카드를 선택했다는 의심을 받았다.

그보다는 대선에 앞서 총선에서 20~30대가 움직이는 반응을 미리 떠보자는 계산이 아니었을까. 그 연령대에서 당보다 박근혜를 보고 찍는 표의 객관적인 데이터가 필요했다고 본다. 같은 연령의 이준석을 중앙당의 비대위원에 포진시켜 그의 입바른 언급을 통해 전국적 차원에서

20대의 반응을 살폈고, 손수조는 변방으로 보내서 자생력을 시험해본 성공한 케이스였다. 문재인의 동선을 제약시킨 것은 부수적인 효과다.

갈등고조 통해 적과 동지 구별

민주당도 내심 제1당을 바랐지만 근소한 차이의 제2당이라면 총선 이후 양당체제로 치르는 대선이 오히려 유리하다는 분석을 했을지도 모른다. 총선과 대선의 성격을 분리해서, 각기 다른 개성의 지도부로 돌파하려는 보이지 않는 전략이 민주당 대표경선을 볼거리로 만들었던 것처럼. 총선 당시 야권연대 과정에서 계파 간의 갈등을 노정시킨 점과, 총선 후 야권연대의 틈새를 한껏 벌려서 적과 동지를 식별하는 갈등고조를 즐기는 세력이 있다고 본다.

만약 그런 전술의 검증차원에서 종북·색깔논쟁이 진행된 것이라면 야권은 진화에 성공한 셈이다. 민주당이 스스로는 못 떼버릴 진보당이란 악성종양을 새누리당이 나서서 수술만 잘해준다면 고통을 견디며 아픈 척 하는 연기는 얼마든지 가능하다. 그래서 두 종북·좌파 의원의 제명에 동의해 준다면 상임위 양보는 가능하다는 여당의 1차 제안은 일단 거부할 수밖에 없다. 양당정치는 겉으론 상생을 내세우면서 미소 짓지만, 제3당이 끼어들면 서로가 불편하게 된다는 사실을 잘 알고 있기에.

대선 6개월을 앞두고 윤곽은 드러나지 않았지만 사실 안철수란 존재도 일종의 제3당이라고 할 수 있다. 민주당은 당세 자체가 의미 없을 정도로 안철수에 기가 눌린 상태로 대선 전략을 짜고 있으니, 한편 안철수가 크게 원망스러울 수 있다. 그와의 연대가 아니면 결코 이길 수 없는 2012년의 야권구도는 새누리당에게도 큰 부담이다. '박원순 지지 쇼크' 이후 안철수의 몸집은 더 부풀려져 있다는 게 문제다.

특히 부담스러운 점은 안철수가 구축한 이미지가 사실여부에 상관없이 이미 젊은 층에는 기정사실로 주입된 상태다. 따라서 쉽게 또 함부로 공격할 수 없도록 각인된 그의 선한 이미지를 잠식할 마땅한 네거티브 대안이 없다. 지역적으로·연령대에서·이념면에서 박근혜와의 지지층에서 워낙 경계가 뚜렷하다. 그래서 공격이 심해질수록 상대의 피해의식에 불을 지펴서 지지도를 더 결집시키는 역효과가 나는 것이다.

결국 양당이 안철수로 인해 정치적 피해를 본다는 공감대가 생기는 시점, 즉 양쪽의 지지도가 동시에 추락하는 추세를 보이면, 집중적으로 언론을 활용해서 원거리포격에 나설 수밖에 없게 된다. 안철수가 전면에 나서길 머뭇거리는 이유가 이 파상공격에 대한 방어책이 없어서다. 동아일보 김순덕 논설위원은 2012년 4월 초, 「노무현敎와 '입 진보'」란 제목의 칼럼으로 먼저 안철수에 대한 비호감의 신호탄을 올렸다.

그녀는 "안철수 교수가 대통령만 되면 당장 양극화와 일자리 문제를 해결할 것같이 말만 하고는 사라지는 것도 입 진보임을 입증하는 게 아닐까."라고 신뢰성에 의문부호를 단 것이다.

입으로 하는 정치는 실체가 없어서 일단 사라지기 시작하면 그 속도가 빠르다.

영악한 싸움닭
진중권

논객으로서 진중권과 유시민은 여러 면에서 닮았다. 수시로 여론에 편승하는 논쟁과정에 다소 욕을 먹으면서 골수 지지자들을 늘려온 점. 그들이 초창기에 대중적인 명성을 얻었던 창구가 기고와 TV출연이란 점에서 그렇다. 하지만 진중권은 먹잇감이 보이면 구체적이고 집요하게 시비를 걸고 뒤끝을 남긴다. 상대를 무시하는 듯한 언행으로 도발을 유도하며 현학적인 언어를 동원하고 무책임하다.

반면 유시민은 가끔 야비해 보이는 직설적인 표현을 쓰지만 나름 공적 책임감을 갖고 있다. 그가 20대에 구금되어 법정에 제출했던 '항소이유서'의 마지막 문장은 이런 시구였다. "슬픔도 노여움도 없이 살아가는 자는 조국을 사랑하고 있지 않다." 강준만 교수는 이런 유시민에 대해서 "선한 의지가 지나쳐 부끄러움을 느낄 능력조차 없는 멸사봉공 정신 중독자"라는 후한 평을 한다.

유시민의 존재감이 예전과 같지 않을 때 집중 인터뷰를 통해『유시민을 만나다』를 쓴 작가가 있다. 저자 지승호는 유시민을 '슬픔과 노여움이 많은 소셜 리버럴리스트'라고 했다. 다른 정치인들에게 칼날 같은 쓴 소리를 할 수 있는 유시민의 성정이, 바로 '내키지 않는 일을 하고 있다'는 자각에 바탕하고 있다는 시각이다.

청탁 구분 없이 개입

아무튼 진중권은 꼴같잖게 나대는 정치·사회·문화적 모든 집단에 대해 스스로 개입하며, 그로 인해 자신이 비판의 대상이 되는 것을 즐긴다. 그러나 대중들이란 언제든지 등 돌릴 수 있다고 믿기에 경계를 늦추지 않는다. 2006년 지방 강연 도중에 황우석 지지자들에 의해 잠시 감금되었을 정도로 미움을 산 상처가 있기 때문이다.

진보신당 논객들과 벌인 '대중노선 논쟁'과, 영화〈디워〉와〈부러진 화살〉에 대한 문화비평, 곽노현과 '나꼼수' '강용석' 등에 대한 정치적 비판에 이르기까지 진중권의 메뉴는 장르가 없다. 〈나꼼수〉멤버들이 곽노현의 구속수사를 부당하다고 선동했던 일을 계기로 트위터를 통한 메시지가 부쩍 늘어났다. 그 시기에 "닭장 속에서 닭들이 부흥회하는 분위기"라고 비꼬는 직격탄을 올리는 등, 대중을 등에 업고 정치적으로 변질하는 〈나꼼수〉에 대한 비판의 강도를 높였다. 총선 후에도, "이들은 '오류'를 모르고, '패배'를 모른다. 대선에서도 사고 치고 총선 때처럼 정신승리 할 것이다." 라고 비판했다.

반면 민주당을 향해선, "제1야당이 정상적인 정치적 결정을 내릴 수 없었다는 것"이라며 두둔하기도 한다. 결과적으로 '반MB 정서'를 주도하는 집단과 인물들에 자기 기준으로 입바르게 충고하다 보니 안티들로부터 이적행위자로 몰리고 만다.

나름대로 먹잇감이 되는 곳만 겨냥한다고 정봉주로부터 '잘나가는 곳에 묻어가려고 한다'며 폄하를 받았다. 댓글을 통해 따돌림을 당한 빈도로 본다면 단연 챔피언 급으로, 당하면서도 깐죽거리는 본성을 결코 잃지 않는다. 전선을 기웃거리며 이슈가 눈에 띄면 즉시 고춧가루를 뿌린다. 그런 돌출행위는 공지영 작가 정도나 그와 대비될 수 있을 것이다.

그는 2008년 여름 촛불집회에 동원된 군중들과 황우석과 심형래를 옹호하던 비이성적인 대중들을 비슷한 성향의 부류로 해석한다. 자신의 경험과 직관을 통해 대중의 변질을 확신한 것이다. 한국의 전통 사회가 논리적으로 설득하는 문화가 없어서 선전·선동에 약하다고 본다. 때문에 비이성적인 다수에 맞서 제기하는 논쟁촉발이야말로 지식인의 소명으로 생각한다. 진중권이 구사하는 화법과 동원되는 단어가 때론 지나치게 모욕적이기에 사안의 시시비비를 떠나서 불쾌감과 냉소를 남기게 된다.

예를 들어보자. "참된 먹물은 대중의 신뢰를 배반함으로써 참된 신뢰를 얻는다. 많은 지식인들이 대중이 듣고픈 말만 하면서 대중과 더불어

가려고 한다. 그러니 일관성이 없어 공신력이 떨어진다. 편에 따라 말 바꾸지 않고 잘못된 걸 꾸준히 비판하는 것, 그게 신뢰다." 이 글에서 처음 시작하는 문장 '참된 먹물은……'이란 표현에서 그가 말하고자 하는 본심이 나타난다. 곧 자신이 먹물들을 대표해서 말하려 하니 귀담아서 잘 새겨들어 보라는 오만한 자세다. 또한 스스로가 일관성 없이 대중과 영합하려고 했던 모순을 자각하지 못하고 있다.

트위터는 전지자全知者 되려는 강박감

화법 자체가 많은 사람에게 불쾌감을 유발한다는 사실을 인정하면서도 고집한다. 한 인터뷰에서, "나는 사람들을 다독거리고 칭찬하는 것이 아니라 약을 올린다. 생각하고 엉기게 만든다. 건방진 느낌으로, 살짝 재수 없게, 열 받게 건드린다. 그래서 덤비면 슬슬 상대해준다. …… 진보건 보수건 공부를 하게, 똑똑하게 만들어주는 것이다. 잘못하면 바보가 되니까 인터넷 검색이나 생각이라도 한 번 하고 덤벼들게 만든다."고 스스로의 성향을 고백했다.

　진중권은 안철수의 행태에 대한 역설을 한 일간지에 기고한 적이 있다. 그 기고문의 마지막 부분을 인용하면, "'분배'의 정의로움이 아니라 '시장'의 공정함을 요구하며 재산을 '기부'하는 것. 이는 철저히 보수주의의 스탠스이기 때문이다. 그런 의미에서 그가 대선에서 승리한다면, 그것은 보수의 승리가 될 것이다."고 나름의 예리한 논리적 시각도 드러낸다.

중세시대 기사들이 마상에서 긴 창을 들고 맞상대를 찾아서 고독하게 전장을 유랑하듯, 그는 독수리의 눈빛으로 자판을 두들기며 인터넷 전장을 누비고 있는 것이다. 지명도가 없으면 무시해 버리고, 걸려들면 상대해 주고 안 걸리면 여기저기 미끼를 던져 놓고서 하이에나들이 걸리기를 기다린다. 때론 그 자신이 하이에나로 변신하기도 한다.

그러다 보니 썩은 고기인 줄 모르고 잘못 물었던 경우도 종종 있다. 진보당 이정희 대표의 서울 관악을 경선 여론조사 조작의혹이 제기될 초기, 모든 언론이 비판에 나설 때도 혼자만 "사퇴할 필요 없다."면서 처음엔 편을 들었다. 조작 당사자 측의 '재경선' 주장에 동조한 것이다. 그런 행보는 지난 날 진보신당 논객들과 논쟁하며 쌓였던 반감을 해소할 화해의 손길이었는지 모른다.

그러나 결국 호된 여론을 못 견딘 이정희가 사퇴하는 국면이 되자, "멍청한 자들의 어리석은 짓 때문에 괜찮은 사람을 잃었네요."라는 등의 비호로 자신의 '진중'하지 못한 일면의 한계를 노출했다. 이후에 점점 그녀가 사면초가에 몰려가자 자신의 판단미숙을 모면하고 계속 '날선 비평가(?)'로 살아남기 위해 날린 5월 4일자의 트위터는 완전히 이정희로부터 발 빠른 U턴을 시도한다.

동원하는 용어 자체도 거칠어졌다. "얼굴 마담도 궁하니까 적나라하게 본색을 드러냈다. 대중 정치인으로 그의 정치 생명은 끝났다. 안녕 이정희씨" 그리고 며칠 후 이정희 대표가 주관한 공청회에 대해 "이 개그 쇼가 추종자들 사이에선 종교적 엄숙함을 갖고 거행됐다. 자기들은 성스러울지 몰라도 사회에는 사교집단의 이미지로 비쳐졌다."고 질타했다. 진중권의 원래 성격은 어떨지 몰라도 정치적 멘트를 담은 트위터의 변이과정만 비교해보면 조급한 기회주의자의 표본이다.

정치고수라는 6선의 이해찬도 이정희의 본색을 모르고, "이 시대에 보기 드물게 진정성이 있는 정치인"이라고 후한 평을 한 적이 있었다. 심지어 이정희가 중도하차한 서울 관악을 지역구는 자신이 5선을 했던 곳이니 더 마음이 아플 것이다. 하긴 이해관계가 얽힌 어떤 계기가 아니면 그 사람의 참모습이나 성향을 잘 모를 수 있다. 그래서 흔히 술을 한잔 하든지, 고스톱을 쳐보든지, 여행을 함께 해봐야만 적어도 사람을 잘못 보는 위험이 줄어든다고들 한다.

스타 정치인 이정희가 국민들에게 미운 오리새끼 취급을 받는 과정에서 동지들에게 물도 먹이고 상처도 주었다. 그 결과 반 토막이 난 진보당의 지지율은 어디서 무슨 묘수로 회복할지 아무도 예측할 수 없게 돼버렸다. 물론 그녀가 망가지는 속도에 진중권이 수시로 날린 영악한 트위터가 기여한 바가 꽤 높았다.

유시민의 파괴력-2010년 11월 출간 『박근혜와 커피 한 잔』 중에서

한 시절 토론프로의 베테랑 패널 전여옥이 "그의 눈빛에서 두려움을 느낀다."고 표현했던 달변가 유시민. '지식소매상'을 자처하며, 10여 권 이상의 책을 집필하여 백만 권 이상을 판매시킨 베스트셀러 저자. 그는 정치인 이전에

20~40대의 역동적인 연령층에 고정 독자 수십 만 명을 확보하고 있는 스타이기도 하다.

대구 총선에서 낙마하자 전공한 경제학으로 경북대학교에서 '생활경제'를 강의하며 미래를 준비했던 학구파 정치인으로, 생활비를 벌기 위해서 책을 쓸 수밖에 없다며 소시민의 삶을 기꺼이 수용할 줄 알았다. 생각나는 그의 저서들을 대충 들어보자.

『거꾸로 읽는 세계사』, 『노무현은 왜 조선일보와 싸우는가』, 『우리들의 노무현』, 『이런 바보 또 없습니다 아 노무현』, 『청춘의 독서』, 『후불제 민주주의』, 『경제학 카페』, 『부자의 경제학 빈민의 경제학』, 『대한민국 개조론』, 『유시민과 함께 읽는 일본문화이야기』, 『유시민과 함께 읽는 독일문화이야기』, 그리고 노무현 사후에 눈물을 머금고 원고를 정리한 『운명이다』까지 포함하여 정치와 경제는 물론 역사, 문화에 이르기까지 전 분야를 아우른다.

그는 2000년 MBC 〈100분 토론〉 진행자로서 시청자들에게 얼굴과 이름을 알린 후, 일찍부터 소규모 순회강연을 통해 나름의 팬들을 관리해 온 셈이다. 같은 프로그램 진행자였던 손석희의 대중적 인기를 떠올려보면 유시민의 존재감이 상상될 것이다. 노사모 주력군 양성과 '안티조선운동'의 기수로 명성을 떨친 계기가 된 게 바로 방송경력과 필력이었다.

그가 노무현의 빈소를 지킴으로써 받은 정치적 상속재산도 만만치 않다. 특히 2010년 들어 경기지사에 도전할 때는, 단기간에 40억 이상의 선거자금을 모은 '유시민 펀드'에서 보듯이 그의 아이디어는 눈동자만큼 번쩍인다.

"대통령은 이명박이나 정책 운영 기조는 박근혜 공약"

2009년 3월 9일 경향신문과 했던 제법 긴 인터뷰 중에서 그의 답변을 선택적으로 인용해 보자.

"지난 대통령선거는 사기, MB는 헌법을 잘 모른다."는 표현으로, 어떤 의미에서 '친박'의 억울한 정서를 대신 말해 주기도 했다. 그의 도발적인 한마디는 가끔 지지자들과 안티(반대) 간에 격렬한 논쟁을 촉발시키기도 한다. 하지만 '노무현의 심정적 경호원'이 되어서 논란의 중심에 서는 것을 조금도 두려워하지 않았던 배짱도 가졌다.

유시민의 보기에 이명박 정부는, "국민들이 헌법적 권리를 행사하려고 할 때는 이것을 위험하게 본다."는 입장이다. 나아가 "사실 이 대통령이 실현하고 있는 공약은 박근혜씨 공약 '줄푸세'다. 세금은 줄이고, 규제는 풀고, 법질서는 세우고. 박근혜씨는 아무 책임이 없는 것처럼 가끔씩 나타나서 좋은 얘기만 하는데, 대통령은 이명박이지만 정책 운영 기조는 박근혜 공약이다."라는 가히 유시민만이 할 수 있는 특이한 해석을 하고 있다.

다음은 격렬했던 광화문의 촛불시위에 대한 그만의 평가다.

"촛불을 들고 나왔을 때는 기대가 있을 때였어요. '외치면 들을 것이다, 세게 외치면 많이 들어줄 것이다'라는 게 있었어요. 그런데 이 정부가 처음엔 그럴 것처럼 보이다가 곧바로 반전시켜서 물리력으로 국민들과 전쟁을 하고 있잖아요. 그러니까 '그것이 헛된 기대였구나' 하고 생각하게 된 거죠."

"이 대통령은 들은 척도 안 하지. 그건 유효한 방법이 아니라는 생각을 한 거예요. 국민들의 비판의식이나 욕구가 사라졌느냐 하면 그건 아니에요. 다만 어떤 방식으로 표출해야 할지 모르는 겁니다. 굉장히 위험한 상황인 거죠. 에너지가 갈 데가 없는 거예요. 온라인에서만 부글부글 끓고 있는 겁니다. 그러나 이것이 계속 이런 식의 의사표시에 머물 것이냐 하면, 그건 아니라는 거죠."

그래서 국민들이 어떤 형식의 의사표시를 하게 될지 예측하기 어렵고 그 자신도 좀 불안하게 지켜보는 입장이라고 했다.

"민주당은 '불임정당'"

민주당에 대해서는 과거 한나라당을 지칭했던 용어인 '불임정당'이란 말을 그대로 대입시켜서 더 혹독한 비판을 서슴지 않았다.

"좀 심한 표현이긴 한데……. 민주당을 보면 2002년에 느꼈던 절망감보다 더 심한 절망감을 느낍니다. 지금 민주당은 죽지도 않아요. 보궐선거나 지방선거도 그런대로 할 것이고. 바꿀 수는 있느냐, 절대 안 바꿉니다. 죽을 염려가 없기 때문에 바꾸지 않아요. 그런 회의 때문에 더 이상 민주당에 대해서는 말을 안 하죠."

그는 한발 더 나가서, "민주당은 지금 최악의 상황이기 때문에 어떤 경우에도 지금보다는 좋아질 겁니다. 그러니 혁신할 필요가 뭐 있겠어요."라고 당시 정세균 대표 체제에는 희망을 접은 듯 보였다.

그는 노 정권 하에서 잘나갈 때 막말도 했던 자신의 행태를 솔직하게 고백할 줄도 알 만큼 지금 성숙해져 있다.

"마음을 잘 다스리지 못한 것 같아요. 그때는 마음속에 누군가를 미워하는 감정이 가득했어요. 이재오·김문수씨 이런 사람들이 너무 미운 거예요. 뿐만 아니라 옛날에 공안검사 하면서 죄 없는 사람 징역 살렸던 사람들이 너무 뻔뻔하게 똑같은 소리를 하고, 다른 당 국회의원을 간첩이라고 했잖아요. 분노의 감정을 다스리기가 굉장히 어려웠어요. 그런 게 얼굴에 나타나니까 그 사람들도 저를 싫어했죠."

독설가인 서영석 전 국민일보 정치부장이 2010년 9월 『Why 유시민』이라는 책을 내놓았는데 여기에 무척 도전적인 표현이 나온다. '2012 대선, 박근혜를 이긴다'는 부제가 달린 이 책에서 "유시민이 야권의 대통령 후보가 된다면 이길 수도 있고, 질 수도 있을 것이지만, 야권이 이기기를 원한다면 그 후보는 유시민 외에 대안이 없다."며 단정적으로 결론내리고 있다.

이른 듯싶지만, 대형 서점 진열대에는 벌써 대선주자들의 얼굴이 깔려있고, 온라인 서점 역시 뜨거운 기싸움이 진행 중이다. 유시민은 이회창과 이인제에게 부족한 면을 충분히 가졌으며, 김대중과 노무현의 보이지 않는 사후지원까지 받는 특이한 존재감을 가진 인물이다.

광주시민의 준엄한 옐로카드

여야의 지도부가 특별히 지원유세까지 했던 2010년 10월 27일의 미니 보궐선거가 아주 좋은 예다. 그중 손학규-유시민의 대리전으로 주목받았던 광주 서구청장 선거에서 무소속 후보가 당선되고, 민주당은 3위로 참패했다. 비록 1석에 불과한 격돌이지만 민주당 텃밭인 호남에서 무소속을 선택함으로써,

광주시민들은 두 대선주자 에게 준엄한 메시지를 전한 셈이다.

그러므로 국지전에서는 언제든 손잡을 수 있고, 또 언제든지 뿌리칠 수 있는 불안한 동맹 형태가 적어도 1년 이상 민주당과 국민참여당 간에 계속될 수밖에 없다. 그렇다고 '여당압승, 야당참패'라는 두 번의 보궐선거 결과에 한나라당이 결코 미소 지을 일도 아니다.

결과적으로 이 선거는 사실상 오직 유시민만이 손학규를 격파할 수 있는 유일한 신병기임을 전국에 알린 전초전이었다. 일부 정치부 기자들은, 후보공천이 손학규가 대표되기 이전에 결정되어 손학규만의 책임으로 볼 수 없다는 후한 평가를 하지만 난센스다. 그 참패의 교훈은, 2012년 총선과 대선에서 두 사람이 손잡지 않으면 한나라당에 필패할 수밖에 없다는 점을 1년 반 앞서 경고한 것이다.

광주에서 득표한 국민참여당의 35% 득표력은, 유시민이란 상징인물이 가진 실체에 비하면 빙산의 일각일 뿐, 그의 운신 폭은 현 시점에서 일반인이 생각하는 것보다 훨씬 크다. 왜냐하면 늘 청소년들에게 심각한 정치현실을 들려주고 대중들을 상대로 한 쉬운 책을 펴내며 자기색깔을 알리고 있기 때문이다. 문성근과 더불어 분화된 '노사모' 군단을 가장 많이 끌고 갈 수 있는 카리스마도 가졌다.

상대적으로 젊은데다 골수 지지층을 가진 그의 입장에서는 손학규나 박근혜나 다 해볼 만한 상대로 보일 것이다. 최악의 경우라도 2012년 가을엔, '차기 대선을 대비해서라도 독자출마로 한번 검증을 받아보겠다'는 유혹을 떨쳐버리기 어렵게 된다. 부부가 각기 경제학과 수학을 전공했던 것도 훗날 그런 복잡한 공식을 산출해내기 위한 선견지명에서였다고 보면 건강

부회일까.(이하 생략)

　—이후 유시민은 진보세력과 손잡고 통합진보당을 만들었다. 선거부정과 내분으로 사서 고생하는 격이 되었지만 여전히 그는 야권에서 통합을 거론하면 강력한 계륵으로서의 존재감이 있다.

유치찬란한
'동무(?)연합'

〈조갑제닷컴〉에서 펴낸 『종북백과사전』은, 민통당 당선자의 34.6%, 통진당의 61.5%가 국보법 위반 등 전과자라는 분석을 하고 있다. 문제의 종북논쟁을 촉발시킨 근저에 '경기동부연합'이란 이름과 이석기란 생소한 인물이 등장한다.

대초원을 어슬렁거리는 사자의 죽음은 사납고 큰 동물에 의해서가 아니라 보이지 않는 바이러스에 의해서다. 통합진보당이 당세 확장을 위해 반대를 극복하고 끌어들인 세력들에 의해 조직적인 선거부정의 전모가 공개된 경우도 그런 사자의 모습이다. 진보당이 총선시장에서 벌어들인 수익을 채 계산하기도 전에 원가와 매출은커녕 수익을 거둔 장사방식을 전부 공개하라는 동업자들의 압박에 시달리고 있다. 참으로 아이러니한 대반전이다.

소위 '동부연합'이란 검은 손의 역할이 총선을 전후하여 실체가 까발려지고 있는 것은 큰 소득이다. 잘난 척 했던 진보의 맨얼굴을 제대로 볼 기회. 그건 연말 대선을 앞둔 야권이 거머리를 다 털어내고 기사회생할 수 있도록 먼저 매를 맞는 과정이 될 수도 있다. 반면, 잘 몰랐던 유권자들에게는 그동안 특정한 부류들이 어떤 독을 먹고 성장해왔는지 짐작할 수 있는 학습이 되었을 것이라고 생각한다.

어떤 조직이든지 계파가 존재한다. 여당이든 야당이든 아무리 없다고 부인하더라도 계파는 '당내 당'의 역할을 해왔다. 노총도 마찬가지다. 그 순기능을 인정하려면, 그렇게 잡은 권력이 제대로 주류와 비주류의 변이를 거치면서 조직이 선순환을 거듭해 나가느냐에 달려있다. 조직내부의 공천과정과 선거관리의 중립이 절대적으로 요구되는 이유는, 민주주의의 사활이 걸린 문제이기 때문이다.

견강부회하는 당권파의 변명을 보다 못한 당원의 폭로. "대신 투표해 줄 테니까 휴대전화 문자메시지로 받은 온라인투표용 인증번호를 알려 달라고 했다."는 증언만으로도 그날의 조직적인 선거부정의 규모가 짐작된다.

이정희 사라진 무대에 돋보인 유시민

유시민은 "당원명부가 정상적으로 관리되고 있다는 믿음이 없을 때, 이 당원명부를 토대로 한 어떤 투표도 그 정치적 정통성, 정당성을 인정받기 어렵다."고 분명한 규명을 요구했다. 그는 선거부정의 직접적인 책임에서 비켜난 관계로, 파국으로 치닫는 당의 갈등과정에서 놀랄 만큼 이성적으로 대응함으로써 종전의 이미지를 탈피할 기회가 되었다.

회의 중단을 요구하며 아수라장이 되었던 통합진보당 중앙위원회 회의장. 주먹과 발길질, 물병과 의자까지 단상에 날아들었고, 그렇게 한참 동안 당권파 참관인들로 부터 의장단이 무차별 폭행을 당하는 와중에도 끝까지 심상정 대표를 감싸고 지켰던 유시민. 멱살을 잡히고 안경이 날아가는 순간에도 의연했던 그날의 사진 한 장이 유시민의 인간성을 다시 보게 했다.

그동안 야권으로부터 분란만 일으키는 '트러블메이커' 오명을 받아 왔으나, 통합진보당의 부정선거 폭로국면에서 기존 이미지를 뛰어넘는 다른 모습을 보여주었다. 대표직을 그만둔 대신 잃어가던 민심을 다시 얻었던 것이다. 내친김에 공개적으로 하기 힘든 진보당의 내부문제도 끄집어내 공식행사에서 애국가를 부르지 않는 의례도 언급했다.

"…… 국민들이 일반적으로 받아들이는 문화의 속에서 내키지 않아도 국민들에게 져주는 자세로 임할 때 발전할 수 있을 것"이라고 금기된 문제를 제기한 것이다. 그는 국회 개원 후, "당권파가 이석기를 지키려 진보정치 아이콘 이정희를 버린 것이 원통하다."는 내용으로 한겨레 신문과 선거부정의 전모에 대해서도 인터뷰했다. "총선 전에 하도 답답해서, 그럼 당권파 실세 누구라도 만나서 이야기를 좀 하게 해 달라고 했다. 그때도 이석기란 이름이 안 나왔다. 당시 그는 당원도 아니었다.

나중에 총선 뒤에 이석기가 실세라고 해서 만나······."라는 내용의 당대표로서 황당한 경험을 털어놓기도 했다.

그는 인터뷰를 마무리에서, "비례대표 후보 경선과 관련해 규범적 평가를 하자면 온라인 투표, 오프라인 투표를 막론하고 '부실관리'다. 이게 첫 번째 문제고 당의 잘못이다. 이렇게 선거관리를 하지 않는 가운데, 각자가 할 수 있는 방식으로 부정을 저질렀다. 한 사람을 제외하고 (노항래 전 정책위의장) 모든 사람이 다 부정을 저질렀다."고 통탄했다.

어쩌면 '종북 문제보다 더 심각한' 소위 진보당 당권파 실세라는 자의 치부를 국민들에게 털어놓은 것이다. "상식적으로, 이석기씨는 민노당과 오랫동안 사업해온 업체 사장이다. 그것도 대부분 수의계약이었다. 내부자의 시각으로는 동지적 관계일 수 있지만, 밖에서 보면 당과 오랫동안 수십억 원대 일해 온 사람이 비례대표로 온 거다. 이게 제3자의 시각에서 이해가 되나." 유시민은 진작 마음을 비웠으니 그런 식의 적나라한 실상을 다 말할 수 있었고, 자신이 받은 비례대표 12번인을 '자청해서 벌을 받는 의미'로 사태 초기에 내놓았던 것이다.

조준호의 목덜미

또 한 사람, 민주노총위원장 출신 진상조사위원장인 조준호 공동대표. 그는 당권파의 20대 여성으로부터 머리카락을 붙잡힌 채 목이 꺾어지는 집단폭행을 당했다. 그날의 린치로 인해 조 대표는 디스크 수술까지

하는 중상을 입을 정도였다. 그는 "당위에 국민이 있다. 손바닥으로 하늘을 가리지 말자."는 말로 조목조목 증거를 들어 반박하며 깊은 인상을 심어주었다. '민노총에 저런 이성적인 사람만 있다면……'하는 생각이 들 만큼 그는 막장으로 망가지는 당에서도 단연 부각된 존재였다.

치열한 공방 와중에 조준호 위원장이 오마이뉴스와 인터뷰를 하며 예로 들었던 담백한 비유는 그야말로 백미였다. "허물이 있을 때는 빨리 가서 매를 맞는 게 낫다. 종아리 올린 손자를 때리면서 할아버지 마음에도 용서가 생긴다. 안 맞겠다고 도망만 다니면 분노만 키운다. 그렇다고 집을 나갈 것이냐. 우리에게 할아버지가 누구냐, 국민이다. 공당이고 대중적 정당이라면 국민, 노동자, 농민이 질책할 때 벌 받고 조아려야 한다. 그래서 매를 맞자고 형제 손을 잡고 가는 역할을 내가 하겠다는 것이다."

강준만 교수는, 한국의 진보정치 세력이 자주 오판하게 만드는 최대 이유로 '아웃사이더 기질'을 들었다. 주류가 된 통합진보당 당권파의 오만도 그런 류로 보인다. "…… 수많은 장점에도 불구하고 과장된 피해의식이라는 치명적 문제를 안고 있다. 과장된 피해의식도 자기 발전을 위한 동력이 될 수도 있지만 권력을 쥔 다음에는 독약이 될 수도 있다."고 지적했다. 말하자면 당하면서 자신도 모르게 물들어가는 모습이다.

불의에 투쟁하면서 받았던 박수소리에 취한 결과, 그동안 세상이 제법 밝아졌는데도 여전히 횃불을 들고 선동하려는 악습만 승계하고 있다. 줄만 잘 서면 노동귀족·럭셔리진보의 시대를 만끽할 수 있으니…….

애초 신념에 기초했던 이념연합이 어느새 지역에 기초한 이익연대로 변질되었다. 그런데 정작 당사자들은 그게 오래된 일상이 되어 물이 들었는지 인식하지 못하는 상태다. 그들에겐 익숙해진 당원증을 치켜드는 낯선 회의방식이 일반 사람들에겐 낯익은 북한 노동당 지도부의 결의모습으로 보인다. '동부연합'이란 이름에서 왠지 '동무연합'이 오버랩된다. 적나라한 진보당의 진흙투쟁을 보고, "잘못된 관행을 바로잡는 엄청난 역사적 기여를 하고 있는 것인지 모른다."고 긍정적으로 평한 학자도 있다.

민주노동당 대선후보였던 진보당의 원로 권영길. 그는 트위터에 올린 글에서 "통합진보당이 지금 걸어야 할 길은 딱 하나입니다. '죽는 길이 사는 길이고 살려고 하는 길이 죽는 길'입니다. 죽어야 삽니다."라고 안타까운 조언을 했다. 전부 자업자득이다. 걸려서 넘어질 뻔했다고 계속 자기발로 돌부리를 차고 있는 격이다.

졸지에 시인이 된 강기갑

그런데 잠시 수염 깎고 수습책임을 맡았던 비상대책위원장 강기갑은

정작 난장판 한가운데서 매우 침착하게 처신하는 모습을 보였다.(2009
년 1월 5일 국회 사무총장실 테이블 위에 뛰어 올라가 마구 짓밟은 전력) 강고한 당
권파의 저항으로 인해 비대위원장이 할 수 있는 역할이 제한적인데다
검찰이 압수해 간 당원명부 때문에 코가 꿰인 상태라서 그랬을까.

박지원 원내대표를 찾아간 강기갑은, "민주당 내부에서도 현 상태에
서 야권공조를 해야 하냐는 목소리가 나온다."는 말을 들어야했다. "통
합진보당 비례경선 과정에서의 문제점은 부인할 수 없는 사실"이라고
인정하고, 야권연대의 균열로 정권교체의 대상이 득을 보는 상황을 우
려하며 왜소해졌다. 중립성향의 유권자들이 막판에 새누리당을 선택한
결정적 이유도 야당의 리더십에 대한 실망감에 있었다. 통합진보당 역
시 계파정치가 내분을 겪는 리더십 위기로 시험대에 올라있다.

어느 날인가 강기갑의 트위터에 종전의 그와는 전혀 어울리지 않는
감상적인 멘트도 떠 있었다. "참 이상하죠? 울지마라 하면 눈물이 더
흘러요! 세상을 바꾸려 진보를 지키기 위해 몸부림 쳐 왔던 당원들, 진
보를 옹호하며 지지해 주신 국민들 앞에 무너져 내리는 진보를 바라보
면 억장이 무너지고 통곡하고 싶습니다!"

굳세어라 금순아!

국회 개원 하루 전, 부정선거의 책임을 통감하고 사퇴서를 제출한 통합
진보당 비례후보 9명. 특히 19대 국회의 유일한 농민의원직을 내려놓

는 결단을 내린 비례대표 1번 당선자 윤금순의 용기는 신선하고도 돋보였다.

그녀는 "한시적으로 의원직을 유지하더라도 보좌관 채용과 세비·국회의원 연금 수령 등과 관련한 어떤 권한도 행사하지 않겠다."고 선언함으로써, 사퇴를 거부한 당권파들을 더욱 부끄럽게 만들었다. 나머지 8명(김수진, 나순자, 노항래, 문경식, 박김영희, 오옥만, 윤갑인재, 윤난실, 이영희)도 "부정선거의 책임을 나누어지고 당의 쇄신과 재기를 위해" 비례대표 후보 지위를 사퇴했다. 이날을 계기로 어렴풋하나마 비로소 진보당의 활로가 보였다고 할 수 있다.

6월 2일 충돌의 우려 속에서 무난하게 전국운영위원회를 마무리한 의장 강기갑. 주요 쟁점을 마찰 없이 통과시킨 그날의 의사진행은 확실한 이미지 변신 그 자체였다. "본래 진보정당은 두 개의 심장을 갖고 뛰어 왔다. 하나는 진보적 가치를 담은 심장이고, 또 하나는 우리의 소중한 당원동지들이 담겨 있는 심장이다. 사회의 변화를 위해 골목골목 세차게 뛰던 그 심장이 지금 멈춰서 있다. 하나는 검찰에 의해 탈취 당했고, 또 하나는 국민들의 외면과 질타로 박동이 잦아들고 있다."며 심금을 울리는 발언을 했다.

불과 한 달여 남짓 만에 처참하게 안팎으로 유린당한 진보당의 몰골과 구 당권파의 독선. 그런 오만함이 강기갑이 국민에게 낮춘 몸의 높이만큼은 낮아지려 하고 있다.

"나는 거짓말을 한 적이 없다. 약속을 지키지 못했을 뿐이다." DJ가 했던 정치권 불멸의 명언이다. 이정희도 겉으론 깨끗한 정치를 말했다.

그녀는 18대 국회에서 양당이 당 대표경선을 선관위에 위탁하는 합의를 하자, "민주주의를 선도해야할 정당이 당내 선거 하나 제대로 못해 선관위에 위탁하면서 그 비용까지 세금으로 국민이 부담하게 하겠다니 정말 부끄러운 합의"라고 비판한 적도 있었다.

말은 그럴듯하다. 하지만 지나고 보니 그렇게 될 경우, 진보당 당권파의 자의적인 선거부정 행위가 원천적으로 불가능하게 될 것을 우려해서 한 발언 같아 씁쓸하다.

'킹메이커'
발언의 속셈

임태희의 출마선언은 당내경선을 통해 인지도를 높이는 데 있을 뿐이다. 김문수가 떠난 이후 경기도지사에 출마할 가능성이 크다. 왜냐하면 현재의 새누리당에는 야권단일후보와 맞붙어서 경기지사에 승리할 마땅한 후보군이 없기 때문이다. 김 지사 역시 겨우 유시민을 꺾고 재선된 처지라, 사퇴하면 오세훈 보궐선거의 재판을 만들 수 있다. 그래서 적당하게 새누리당의 대선후보 경선 판을 키울 겸 자신의 당내 지지세를 확인해 볼 필요가 있었던 것이다.

우선 MB가 퇴임하면 불투명해질 MB의 거취에 대해 당내 기반이 탄탄한 임태희가 조정자 역할을 할 수 있는 위치다. 또 박근혜가 당선될 경우, 한시적으로 구성될 정권인수위원회가 껄끄러운 청와대의 협조를 받기 위해 임태희를 활용할 가능성도 있다. 정책위의장과 장관, 대선 후보 비서실장과 청와대 비서실장을 무난히 해낸 그의 성격상 박—MB 간의 이견을 조율할 최적임자다. MB가 그의 정치적 멘토는 아니지만, 'MB아바타'라는 소리까지 들을 정도였으니 적어도 보이지 않는 강력한 우군은 된다.

왜 서울대에서 출마선언?

첫째, 국회나 프레스센터 같은 정치적 장소대신 서울대 강의실을 출마 선언 무대로 택한 것도 계산적이다. 주로 서울대대학원 연구실을 거점 으로 가십거리를 제공하는 안철수 교수를 의식하여 그 본거지에서 의 표를 찌른 선택을 한 것이다.

둘째, 정운찬, 박세일, 조국 등 정치교수들이 대선후보로 직접 나서 지 못하는 소극적 태도와 자신을 차별화하기 위한 수단이다. 회견 말미 에 "안 교수는 당과 집단에 대한 선입견에 얽매이지 말고 우리 시대에 해야 할 일을 이루기 위해 목소리를 내달라."고 촉구한 점에서 그 속셈 을 엿볼 수 있다.

하지만 그가 내건 슬로건 "구태의연함과 싸우겠습니다. 새로움이 아 니면 시작하지 않겠습니다."라는 카피가 전혀 국민의 가슴에 와 닿지 않는다. 소통불능의 청와대에서 매일 MB의 실수 수습에 급급하면서 정치 감각을 잃어버린 것 같다.

하필 구태의연함을 들먹였나?

임태희는 "박 위원장은 새로운 시대를 여는 데 디딤돌 역할을 해달라."고 함으로써, 사실상 박 위원장에게 대선불출마를 요구한 셈이다. '킹메이커'란 박근혜의 2선 후퇴를 의미한다. 그러나 이 문제는 19대 총선 당선자들의 입장에서 보면 친이·친박 계파를 떠나서 심정적으론 임태희의 제안에 공감할 여지가 있다. 핵심은 '박근혜 없는 총선유세가 과연 가능할 것인가'이다.

박풍 없이도 이길 수 있다고 장담할 지역구는 3분의1도 안 된다. 예를 들어보자. 다섯 번이나 내려간 부산은 말할 필요도 없고, 의정부 을이나 홍천·횡성 지역 선거구의 경우 박근혜가 두 번이나 지원유세를 해서 판세를 뒤집은 박빙의 선거구였다고 할 수 있다. 이런 경합지역이 만약 박근혜가 대통령이 되면 지원유세는커녕 말도 함부로 할 수 없게 된다.

실제로 2016년 봄에 치를 20대 총선은 대통령의 임기 후반에 해당된다. 과거 전직 대통령들의 경험에 비춰볼 때, 특별한 경우가 아니라면 지지도가 떨어진 상태에서 맞는 리더십 위기국면이자 당 내외에서 대선후보군이 등장하는 시기다. 그 미래권력이 누가 된들 박풍과 같은 신드롬을 기대하긴 어렵다. 당대표 박근혜가 대통령 박근혜보다 선거에는 훨씬 실속이 있는 자리란 뜻이다. 대권이 총선에는 오히려 도움이 못 되는 정치적 아이러니다.

그는 "박근혜 전 새누리당 대표가 정권을 잡으면 유신체제를 떠올리며 몸서리칠 것이고, 문재인 민주통합당 상임고문이 대통령이 되면 열린우리당의 악몽을 생각하고 '잃어버린 10년 시즌2'를 외칠 것"이라고 지적했다. 그 이유를 "두 사람이 나빠서가 아니라 박 전 대통령과 노 전 대통령의 유산을 승계해 그 상징이 됐기 때문"이라고 주장했다.

나아가 "한쪽 지역만의 몰표로 당선된 대통령은 구태의연한 지역안배에서 자유로울 수 없다."고 비판한다. 물론 이재오나 정몽준의 이미지에 비하면 나름대로 뉴 페이스다. 차마 그 말은 못하고 '지역몰표'와 '구태의연'이란 단어로 박근혜까지도 패키지로 분리수거했다. 논리적으론 그럴듯하지만, '박근혜 대통령' 여섯 글자만 들고 5년을 기다린 친박의 입장에서 보면 돌 맞을 발언이다. 그는 "지금의 정치 구도에서 박 위원장이 대통령이 되면 야당은 가장 상처를 낼 수 있는 공격을 퍼부을 것"이라는 예측을 하고 있다.

비서실장의 변신-2010년 11월 출간 『박근혜와 커피 한 잔』 중에서

…… 그는 여의도 연구소장과 정책위의장 출신으로, 이미 김태호 총리후보 낙마 이후 한 차례 총리후보에 올랐을 정도로 고용노동부장관직을 잡음 없이 해냈다. 고시출신으로 공무원의 생리를 잘 이해하고, 당에서 민심의 변이를 파악하고 정책입안과 정무감각을 익혔다. 야당도 그의 부드러운 소통력만큼은 인정할 정도다.

2007년 초 친이-친박 갈등 속에서도 당내 포럼 '국민생각'에서 중립을 지켰으나, 원내대표 경선에서 홍준표와 러닝메이트가 되며 친이로 기울었다. 그 후에 2010년 들어 최고위원이 된 홍준표가 "여론조사에서 1위를 기록한 후보가 대통령이 된 적 없다."고 발언한 사실을 그는 의미심장하게 들었을 것이다.

MBC 〈100분 토론〉이 인정한 토론의 강자

그는 어언 200회를 넘어선 시사프로 MBC 〈100분 토론〉의 대표사회자 손석희에 의해 '기억에 남는 패널'로 언급된 적이 있었다. "논리적이고, 설득력 있고, 흡입력 있는 패널들이 토론을 잘한다고 생각한다. 그런 점에서 유시민 의원, 노회찬, 홍사덕 의원, 임태희 의원 등이 기억에 남는다."고 함으로써, 임태희의 존재감을 소문난 달변가 반열에 올려서 평가해 준 것이다.

지명도 1위의 최고 사회자가 당의 대표선수로 인정할 만큼, 그는 토론에 강해서 친이계 후보들의 구도에 큰 위협이 될 수 있다. 같은 당의 김문수가 3선에 지사와 장관직, 손학규가 3선에 장관과 지사를 경험한 대선주자임을 감안하면 경력에서도 조금도 밀리지 않는다. 특히 정무수석 정진석을 직접 설득하여 임기 초반부터 청와대의 정무기능을 강화시킨 일을 결코 예사로 볼 것은 아니다. 야망은 고시공부를 했던 사람의 기본이다. 여야를 통 틀어 행정고시 출신의 유일한 대선주자라면 경선에 한번 승부를 걸어볼 만하다.

한나라당 기득권 포기를 언급한 적도

보수진영에서 조금 불안하게 생각했던 이재오나 김문수 같은 운동권 출신 대선후보에 더하여 부드러운 카리스마를 가진 임태희 후보를 보유할 경우, 한나라당 경선도 구색을 좀 갖추게 된다. 또한 사실상 박근혜의 대MB 창구역을 해왔던 유정복 의원과의 오랜 교감도 혼탁한 대선구도에서 임태희만이 가진 인적 재산이다.

그는 2006년 여의도연구소장 시절 「폴리뉴스」와의 인터뷰를 통해, 당시 노무현의 열린우리당에 대응한 "'한나라-민주당 통합'을 위해서 한나라당이 기득권을 포기해야 한다."는 점을 역설한 적도 있었다. 한발 더 나가서 김무성 의원은 "정치 발전과 지역감정 해소를 위한 최선의 방안으로 지금 당장이라도 당을 깨고 신당을 만들 수 있다면 그렇게 해야 한다."며 "한나라당의 대선후보로 정해진 사람은 정치 지도력을 발휘해 반드시 신당을 만들어 보수연합을 완성해야 한다."고 주장했다.(이후 생략)

돈으로
살 수 없는 것들

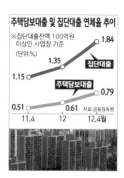

한국은 경제력에 비해 행복하지 않다고 생각하는 국민의 비중이 많다. 돈이 있어도 불행하다는 뜻이다. 『정의란 무엇인가』란 베스트셀러에 이어 『돈으로 살 수 없는 것들』이란 책을 펴낸 마이클 샌델Michael Sandel 교수는 시장의 합리성에 대해 의문을 갖고 있다. 그는 '사회가 불공정하다고 느끼는 비율'을 아산정책연구원과 공동조사한 결과, 미국인들은 38% 한국인들은 74%가 그렇다고 답했다고 한다. 한국사회가 미국보다 거의 두 배나 박탈감을 느끼고 산다고 본다.

한국은행 통계로 국민 한 사람당 연간 신용카드 평균 거래량은 116건. 세계최강국 미국의 2배, 독일의 20배나 된다고 한다. 20대에 첫 직장을 가진 젊은이나 장바구니를 든 주부들까지 카드 긁는 재미에 중

독되어 있다. 경제활동인구 1인당 신용카드 보유가 평균 4.8장. 사실 경제규모에 비해 터무니없는 카드를 갖고 소비하는 정신 나간 국민들이다.

그 결과 2011년 한 해만 국내 5대 신용카드사 수입이 거의 6조원에 가깝다. 수수료 수입과 카드돌려막기, 카드론 대출들을 합한 수입들이다. 이런 한국인들의 비정상적인 과소비행태를 시급히 변화시키지 못하면 '가계부채 발 경제위기'는 불가피하다. DJ정권에서부터 카드 남발 사태를 조장하며 경제구조가 이런 식으로 가는 걸 방관했던 정치인들 책임이 크다.

신용카드 평균 연체율 2%는 일반적으로 카드사들이 감당할 수 있는 수준의 마지노선으로 통한다. 그런데 2012년 1분기 카드사들의 평균 연체율이 지난해 말 기준 카드사 평균 연체율인 1.9% 수준을 넘어 2% 대로 올라섰다. 문제는 이 상승추세가 꺾인다는 보장이 없다. 이른바 연체상태인 '리볼빙(신용카드 자유결제)' 서비스 잔액이 계속 늘어나고 있기 때문이다.

자영업 붕괴의 재앙

그런데 이중에 가장 휘청거리는 계층이 자영업자들이다. 전체 경제활동인구의 4분의 1인 573만 명이 자영업자(2011년 10월 기준 통계청 자료)로서, 그들 반 이상이 실패한 경험을 가졌다. 한 해 평균 100만 개가 창업하고, 85만 개는 1년 미만에 폐업하는 자영업자들의 현실. 특히 음식·유통업을 하는 생계형 자영업자들은 폐업을 하려고 해도 마땅한 대안이 없어 마음대로 할 수 없는 상태다.

경제협력개발기구OECD에 따르면 2011년 총 취업자 중 자영업자 비중은 28.8%로, 일본(12.8%) 캐나다(9.2%) 미국(7.0%) 등과 비교하면 월등히 높다. 특히 평균수명 증가로 은퇴자들이 대거 창업에 나서 50대 이상 자영업자 비중은 20년 전 21.1%에서 2011년에는 42.9%로 두 배나 급증했다. 자영업을 쉽게 생각하여 진입이 자유로운 탓에 내부에선 자영업 포화상태가 되고, 새로운 실업자 양산의 원인이 되고 있다는 지적도 있다.

대부분 소득이 감소되며 높은 임차료 부담과 과잉경쟁으로 빚이 늘어나는 구조적인 문제로 쓰러진다. 그 악순환은 자영업자에 대출해 준 금융사의 부실문제가 되고, 실업률 증가로 인한 정부 재정 부담으로 연결될 수밖에 없다. 마치 외환위기 당시의 농가부채처럼 누가 대통령이 되든지 간에 다음 정권으로 문제가 전가되는 불붙은 시한폭탄이다.

흑자로 경영하는 자영업자는 15% 내외로, 거의 절반이 월 소득 200만 원 이하라고 보면 된다. 문제는 내년에도 소득이 줄어들 것으로 보는 비관적인 전망이 낙관적인 전망보다 3배나 많다는 사실이다. 때문에 해마다 부채가 감소하기보다 늘어나는 경우가 더 많다. 부채 증가추세는 통계상으로도 심각하다. 전체 자영업자 중 74.2%가 부채를 안고 산다.(통계청 발표 2011년 가계금융조사) 가구당 평균 부채는 1억 원이 넘고, 소득대비 원리금 상환비율DSR은 26.6%로, 100만 원을 벌어서 26만6

천 원을 이자·원금 갚는 데 쓴다.

자영업자 대출 잔액도 2011년 말 기준 160조 내외로 중소기업 대출 잔액 464조의 3분의 1에 이를 정도다. 특히 영세자영업자는 퇴직금에 은행 대출금을 합해 어렵게 창업하지만, 월평균 100만 원 이상 순익을 내는 경우는 절반도 안 되는 심각한 수준이다. 직장에서 내몰려서 어쩔 수 없이 자영업을 시작했기에, 자영업자 90%는 사업체를 자식들에게 물려줄 생각이 없다고 대답한다.

막상 창업은 했지만 돈을 벌기 만만치 않다. 초기권리금을 포함한 가게 운영비와 인건비, 재료비, 월세를 감당하려면 보통 월세의 10배 정도 매출을 올려야 수익이 가능하다. 월세 300만 원의 자영업자가 월평균 3,000만 원 매출을 올린다는 게 쉬운 일은 아니다. 반면 수도권 주요 상권의 임차료는 내리는 법이 없다. 최근 3년간 매년 20% 이상 상승했다는 조사결과도 있다.

수익은커녕 생계유지도 안 돼

특히 창업비용에 포함되는 권리금은 수익 악화의 주범이 된다. 자영업자 평균 1억 1,364만 원 부채를 안고 창업에 나선다는 통계도 비싼 권리금이 포함된 탓이다. 수도권 주요 상권의 평균 권리금이 2억3,556만 원이라니……. 뼈 빠지게 일해도 빠져나올 수 없는 비용 부담의 늪이다. 소상공인 진흥원이 2012년 봄에 발표한 '소상공인 통계집'에 따르면 5인 이하 자영업자 중 지난해 월평균 순이익 100만 원 이하가 전체의 57.6%를 차지했다. 적자를 본 자영업자도 26.8%라고 한다.

월 평균매출액을 기준하면 400만 원 이하가 58.3%, 400만 원~1,000만 원 이하가 25.4%라니 결국 월 1,000만 원 이하 매출이 전체의 80%를 넘는다. 안정된 수익인 월 3,000만~4,000만 원의 매출을 올리는 자영업자는 불과 1.3%밖에 안 된다. 결론은, 자영업자 99%가 생계유지에 급급하다는 의미다.

행상이나 배달이 주 용도인 1톤 트럭 수요가 폭발적이라는 데서도 생계형 자영업자들의 위기를 알 수 있다. 실직·은퇴자들이 최후의 선택으로 1톤 트럭을 사서 영업을 하다가 그마저 여의치 못해서 다시 중고 시장에 되파는 행상의 위기시대다. 종북·좌파가 아니라도, 누군가가 "세상을 한번 뒤집어 보자."며 '사람 사는 세상'을 얘기하면 귀가 솔깃할 수밖에 없는 상황으로 빠져들고 있다.

부동산 불패 꿈
깨야할 때

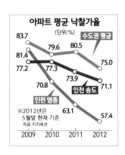

우리나라 가계부채는 약 913조다.(2012년 6월 현재) 세계경제포럼WEF이 가계부채의 한계로 설정한 GDP대비 75%에 근접한 73.8% 수준이라고 한다. 이 부채를 전체 1,769만가구로 나누면, 가구당 5,100여만 원의 빚쟁이가 된다는 계산이다. 하지만 재계1·2위인 삼성·현대 그룹의 시가총액은 우리나라 코스피·코스닥 전체 증시의 40% 선에 이른다. 부가 일부에 편중된 결과를 보여주는 수치의 하나다.

그래서 서울시민의 절반 이상이 자신의 위치가 '중하층'에 속한다고 생각하고, 그들 대부분이 주택 구입비 명목으로 빚을 지고 있는 것으로 집계됐다. 2012년 하반기 아파트 중도금대출 연체율이 5%대 후반까지 상승하며 위기를 반영하고 있다. 이 같은 중도금대출 연체율 급등원인은, 2006~2008년 아파트단지를 분양 받았던 입주 예정자들이 입주

시점에 시세가 분양가보다 하락하자 중도금 납입을 집단으로 거부하고 있기 때문이다.

건설사와 입주자 간의 분양계약 무효소송이 벌어지자 여파가 금융권의 부실로 전가되고 있는 상황이다. 문제는 이 심각한 상태가 '부동산 거래 활성화'란 명분으로 더 심화될 조짐이 보인다는 사실. 대선을 앞둔 정권말기에 돈을 풀어서라도 체감경제를 어떻게 해보자는 발상을 하고 있는 것이다.

서울시가 2011년 11월 2만 가구를 대상으로 계층의식을 조사한 결과도 심각하다. 전체의 51.7%가 '중하층'이라고 대답했으며, 이 비율은 2008년 이후부터 3년간 계속 50% 내외를 못 벗어난 상태다. 소위 야당이 0.1% 특권층과 싸운다고 선동하는 그룹인 '상상층'은 1,000명 중 1명꼴로 나타났다.

더불어 서울시민의 52.6%가 '빚'을 지고 있는 것으로 나타났다. 지난해에 비해 7.6%나 증가한 수치로, 빚의 주된 원인은 여전히 주택과 (67.3%), 교육(10.8%) 때문이었다. 가처분소득 대비 가계부채는 140%를 넘어 OECD 평균인 126%, 2008년 금융위기 당시 미국의 129%보다 더 높아져 있다. 소비와 저축을 위해 쓸 수 있는 돈보다 빚이 많은 현실이다.

2011년 OECD 34개 회원국의 '행복지수' 순위에서 한국은 26위에 그쳤다. UN이 2012년 4월 발표한 '세계행복보고서'에는 한국민의 행복도가 10점 만점에 5점으로 156개국 중 56위로 나왔다. 야당이 수도권에서 선전할 수 있었던 총선민심은 이런 경제적 박탈감에 기인한 것이다.

#인터넷 사이트 daum 토론방에 개재된
부동산 거품에 관한 한 네티즌의 경고를 그대로 전재해 본다.

'사상누각'이란 말이 있습니다. 모래 위에 지은 집은 파도가 한 번 밀려오면, 무너지고 맙니다. 현재 우리나라의 부동산이 처한 현실이 바로 사상누각입니다. 부동산 가격이 폭락하면, 빚내서 집과 땅을 산 사람은 장부상의 손실을 입게 됩니다.

빚을 내서 집을 샀다면, 그 빚은 빚을 진 사람이 갚는 게 맞습니다. 만약 갚을 대책도 없이 집을 샀다면, 그 집은 잠시 동안 무늬만 집을 산 사람 소유인 것입니다. 부동산 가격이 급등하든, 폭락을 하든, 빚의 규모가 줄어드는 건 아닙니다. 진짜 집의 소유자가 되려면, 빚을 갚아야 합니다. 자신이 진 빚을 누군가 대신 갚아주길 바라는 건 탐욕입니다.

단기적으로 부동산 가격의 급락은 중산층의 몰락을 가져올 겁니다. 빚을 갚지 못해 거리로 내몰리는 사람들도 생겨나겠죠. 부동산중개업자의 수입은 줄어들 겁니다. 그러나 장기적으로 부동산 가격의 급락은 다시 새로운 중산층을 만들어내고, 그 중산층의 수는 늘어나게 될 겁니다.

부동산 불패 신화가 확실히 깨지고 나면, 사람들은 경험을 통해 더 이상 무리한 빚을 내서 집을 사는 일을 중단할 것입니다. 부동산 가격이 하락한 만큼 사람들은 내 집을 마련하기가 이전보다 수월해질 것이고, 부동산 대출금에 대한 이자를 갚느라, 소득의 상당부분을 허비하는 일이 사라질 것입니다. 소득을 이자 갚는데 쓰지 않아도 되는 만큼, 저축을 할 수 있는 여유가 생길 것입니다. 물론 저축대신 다른 부분에 대한 소비를 늘리는 사람들도 있겠지요.

자신의 소득을 소비하는 데 전부 사용한 사람은 노후 준비를 하지 못해 훗날 어려움을 겪겠지만, 소득의 일정부분을 꾸준히 저축하는 사람은 훗날 노후에 대한 걱정이 줄어들 겁니다. 그럼 다음 세대가 현재 세대의 복지를 위해 훗날 희생을 하지 않아도 될 것입니다.

태풍이 몰아치면, 많은 사람들이 재산상의 피해를 입게 됩니다. 그런데 태풍이 몰아치는 게 꼭 나쁜 건 아닙니다. 태풍이 지나가고 나면, 누군가는 다시 찾아올 태풍에 대해 대비를 해서 다음번 태풍의 피해를 줄이게 되고, 몰아친 태풍은 바다를 뒤엎어버려서 바다의 어족 자원이 풍부해집니다.

부동산 거품의 징조는 이미 현 정권이 들어선 단계부터 포착이 되었고, 누군가는 부동산불패를 믿고 더 많은 빚을 졌지만, 누군가는 그때부터 폭락에 대한 대비를 했습니다. 부동산을 팔 사람은 팔았고, 누군가는 과도한 빚을 져서 부동산을 구매하려던 생각을 멈췄습니다. 이미 수많은 사람들이 앞으로 일어날 일에 대해 경제지표를 근거로 경고를 했음에도 불구하고, 그 말을 귀담아듣지 않은 사람들은 자신을 탓해야 합니다.

우리사회가 건강해지고, 다시 도약하기 위해서 부동산 거품은 꺼져야 합니다. 그리고 꺼질 것입니다. 비 온 뒤에 땅이 단단해지듯이, 부동산 거품이 꺼진 후에야 부동산 가격은 안정을 찾고, 거래는 활성화 되고, 새로운 중산층이 생겨나기 시작하고, 그리고 다시 우리 경제에는 재도약의 발판이 마련될 것입니다.

부동산 거품이 꺼져야만 정부는 부동산을 통해 걷어 들이는 세수가 늘어나고, 건설업도 되살아나게 될 것입니다. 무리하게 빚을 내서 집을 사는 사람이 없어지면, 금융권도 가계대출을 통한 손쉬운 돈벌이 대신, 예전처럼 중소기업에 돈을 빌려주는 일이 늘어날 것입니다.

누군가에게 부동산 거품이 사라지는 건 시련이 되겠지만, 그 시련은 사회 구성원 모두의 시련은 아닙니다. 과도한 빚을 져서 집을 산 사람이 아니라면, 부동산 거품이 꺼지는 건 시련이 되지 않습니다. 설사 많은 사람들이 부동산 거품 붕괴로 시련을 맞게 된다 해도, 부동산 거품은 꺼져야합니다.

이 네티즌의 글이 나온 6개월여 후, 송희영 조선일보 논설주간도 부동산값 하락을 부정할 수 없는 대세의 흐름으로 진단했다. 부동산으로 재미를 보려는 이들은 현실을 직시해야 하며 정부는 부동산 폭락사태를 대비해야 한다고 촉구한다. 누군가는 꼭 말해줘야 할, 인정하고 싶지 않은 미래에 대해 용기를 갖고 말한 셈이다.

그는 〈부동산, 거꾸로 읽다 빠져 죽는 사람들〉이라는 칼럼(2012. 6. 2)

에서 "앞으로 부동산시장의 축제는 좁은 지역에서 나타나는 단막극에 머물 것이다. 부동산 투자로 한몫 잡기란 여름 밤 대도시에서 보는 별빛처럼 듬성듬성 깜박거리다 사라지는 수준일 것이다. 경제가 7% 이상 성장하고 인구가 급증하지 않는 한 부동산시장 전체에 조명등이 켜지는 기적일랑 기대하지 말아야 한다."고 매우 비관적인 전망을 하고 있다.

트로이의
목마

이명박·이재오·김문수 이 세 사람은 1996년 15대 총선 때 YS에 의해 신한국당에 영입된 인물로, 일찍이 박정희 시대에 옥살이 경험을 공유한 자들이다. 특히 이재오와 김문수는 당시 이미 혁혁한 무공을 인정받은 반정부 투사들로서 여당에 입당하는 것은 용기가 필요했다. 그들의 치열했던 거리 투쟁경력으로 인해, 함께 고생했던 동지들을 버리고 집권당의 옷을 입으면 변절자로 욕먹는 시절이었다.

아무튼 1998년 보궐선거로 지방(달성군)에서 입당한 박근혜와는 동료의원이지만 처음부터 당내에서 대접받는 급수가 달랐다. 그들은 수도권 의원이란 자부심을 가진 불편한 반박 3인방이었다고 할 수 있다. 그중에 한 명이 청와대로 갔고, 2인자 행세를 하던 한 명은 드디어 본색을 드러냈으며, 한 명은 경기지사로 수도권 외곽을 틀어쥔 채 언제든지 진입할 태세다. 이게 '트로이의 목마'로 보이지 않는다면 친박은 매우 낙관적인 계파 분위기에 둘러싸인 셈이다.

명분은 필요 없다. 구실만 찾는다면

김문수와 이재오는 DNA가 같은 자들로 아직 거세되지 않고 살아남은 친이계 핵심인물이다. 그런 전제에서 이회창대세론과 박근혜대세론의 어떤 점이 닮았고, 어떤 점에서 차이가 나는지 단순하게 당시의 주변 사람을 갖고 분석해 볼 필요가 있다.

100만 표가 넘는 표를 가진 인물만 압축하자면, 1997년 이회창에게 1차 패배의 상처를 안긴 결정적 요소는 이인제 탈당과 박찬종의 이탈이다. 5년 전인 1992년 대선에서 박찬종 후보가 얻었던 골수 지지표 150여만 표와, 1997년 대선에서 이인제 후보가 득표했던 500여만 표가 그 물증이다. 둘 다 여당에서 끌어안을 수 있었는데 그러지 못한 이회창의 한계였다. 물론 JP도 그 일원에 들어가는 비중 있는 조역이었다.

그렇다면 올해 대선에서 이인제나 박찬종의 역할을 할 가능성이 있는 새누리당의 주자가 누굴까? 바로 이재오와 정몽준이다.

김문수는 경기지사직에 이미 연연하는 상태라서 그럴 위인이 못 되나, 이재오나 정몽준은 능히 탈당도 감행할 수 있을 만큼 자유롭다. 이재오는 MB대통령을 만들었던 조직이 남아있다. 그가 대통령이 될 자

격이 있다기보다 세력이 있다는 뜻이다. 이재오가 오전에 대선후보 출
마를 선언한 2012년 5월 10일, 마침 보수 관변단체인 한국자유총연맹
에서는 그와 가까운 인물의 중앙청년회장 취임식이 있었다. 뭔가 일부
러 맞춘 이벤트 같은 느낌이었다.

정몽준은 독자생존은 어렵지만 변수로써 가동할 자금이 풍부하다.
아버지 정주영의 국민당 살림살이부터 시작해서 대선에 직·간접적으
로 참여하며 패배한 경험도 자산이다. 현대그룹 출신의 MB가 퇴임 후
의 안전판을 위해서라도 내심 대권주자로 지원해 주고 싶은 인물 1순
위다. 아마 현대중공업 회장 자리 정도면 빅딜이 가능할지도 모른다.

그리고 2002년 이회창의 2차 패배는 새로운 인물, 즉 노무현의 등장
에 대한 뒤늦은 경고 발령과 정몽준 하나를 잡지 못한 실책에 있었다.
정몽준에게는 박근혜가 초등학교 동기동창이란 연도 있지만, 2002년
대선을 앞두고 그의 도움을 외면했다는 나쁜 기억이 더 생생하다. 때문
에 둘이 끝까지 한 배를 탄다는 기대를 접고 대처하는 게 좋다. 춘추전
국시대에도 그랬다. 큰 전투가 벌어지고 나면 다음 숙영지에서 밥솥의
숫자는 항상 줄어들었다. 전사자보다 탈영병이 더 많은 전투도 있었다
고 한다.

이런 병력이탈 변수는 올해 새누리당 경선을 거치면서 유사하게 적
용될 가능성이 크다. 성문 밖에는 멀리 안철수가 있고, 가까이는 문재
인과 김두관도 있는데 성안에는 이재오와 정몽준의 트로이 목마가 호
시탐탐 입지를 노린다.

게다가 MB의 입장은 시간이 갈수록 제 코가 석 자라서 또 그렇다.

냉정하게 생각하면 박근혜는 많은 기대와, 그만한 비중의 우려 속에 고립무원의 백병전을 준비해야 하는 처지다.

중진이 된 정병국 의원은 JTBC 〈신예리·강찬호의 직격토크〉에 출연하여 2012년 6월 현재 극에 달한 새누리당의 '대세론'을 우려했다. "그나마 2002년에는 박근혜 전 대표가 제왕적 총재라고까지 하면서 이회창 총재를 견제했으나 지금은 당 내에서 아예 그런 목소리 자체가 실종됐다."고 지적한다. 당의 분위기가 그렇게 되면, 만약 전황이 시시각각 불리해지는 상황을 맞았을 때는 누구도 감히 직보하지 못한 채 눈치 보게 된다.

소위 '남·원·정(남경필, 원희룡, 정병국)'으로 불렸던 당시 한나라당 소장파들이 2007년 대선 때 MB쪽으로 줄은 선 이유도 단순하다. 천막당사 리더십으로 총선을 치른 이후부터 박 대표가 '그들의 건의를 안 들어주었기 때문'이라고 했다. 이 소장파들은 5년이 지났지만 여전히 소외받는 그룹이니, 어느 순간 트로이의 목마가 될 수도 있다.

제4장

2%에 목마른 당

MB가
친 그물

서울시장 4년 동안 받은 MB의 월급은 고스란히 박원순의 재단에 헌납되었다. 옛 한나라당 입장에서 보면 MB는 시장월급으로 화근을 키워낸 해당행위자다. 게다가 안철수에겐 대통령직속위원회 2곳을 배정해서 미래를 대비하게 했다. 결과적으로 MB는 미래권력 박근혜를 견제할 호랑이 새끼 두 마리를 미리 양육한 셈이었다.

호랑이는 적당히 키운 후 초원으로 돌려보내야 하는 법. 그런데 야성을 길들여서 순치馴致시킬 수 있다고 착각하고 사육 도중에 들통이 난 것인지도 모른다. '안철수현상'에 대해 "결국 올 것이 왔다."고 했던 MB의 언급은 '경계심'이 아닌 일종의 '반가움'에서 자신도 몰래 터져 나온 탄성이 아니었을까?

이를 두고, 김문수 지사는 2011년 11월 워싱턴 방문 중 기자회견을 통해 "MB는 그물은 굉장히 넓게 쳤는데, 당기지는 않고 뭘 하는지 모르겠어."라고 비유한 적이 있다. 안철수를 그물로 당길 시점이 왔다는 뜻으로, "안 교수는 나보다 10배 이상 더 한나라당에 적합한 사람"이라며 대놓고 영입을 주창한 것이다.

박근혜 지지 비율, 여성이 남성을 7% 추월

그런데 여성들이 여성후보에게 투표하지 않으려 했던 우리 사회의 오랜 관행이 깨진다면, 12월 대선을 앞둔 박근혜에게 그보다 유리한 국면은 없다. 실제로 그렇게 바뀌고 있다는 신호가 나왔다. 한국갤럽이 2012년 5월 14~18일 1,563명을 대상으로 대선후보 지지도를 조사한 결과, 박근혜를 지지하는 여성 지지율이 42%로 남성 지지율 35%에 비해 무려 7%나 많았다. 반면 안철수와 문재인은 각기 남성지지율이 여성지지율보다 2% 높게 나왔다.

역대 대선의 경우를 보더라도 대권주자들의 남녀 지지율 차이는 대개 2% 내외였다. 박근혜의 경우처럼 남녀지지율 편차가 이토록 크게 벌어진 경우는 없었다. 그 원인을 여·야당의 대권주자 전부가 남성들인 데 비해 홍일점 여성후보라는 점에서 찾을 수도 있을 것이다.

특히 통합진보당 사태에서 부정적인 이미지로 각인된 이정희와 김재연, 그리고 민주당의 임수경 등에게서 느낀 젊은 여성정치인들의 표

독스러움과 미숙함에 대한 환멸 등에 비해 상대적으로 검증되고 안정된 박근혜를 지지하는 쪽으로 돌아서는 중이라고 해석할 수도 있다. 종북·좌파라는 이념적인 차별성보다 신뢰감이란 이미지 차이가 박근혜를 다시 보게 하지 않았을까.

동아일보가 2012년 2월 초 18대 현역 국회의원을 포함한 정치인 280명의 트위터 활동을 분석해 100위까지 순위를 매긴 적이 있었다.(공인된 '클라우트 지수' 활용) 그때 1위가 클라우트 지수 74.40의 이정희 대표였다.(박근혜는 트윗 반응도를 평가하는 '파급력'에서 1위) 그녀는 팔로어가 총 19만893명으로 3위였으나, 다른 정치인에 비해 압도적인 리트윗RT이 참작되어 높은 점수를 받았다. 팔로어 1위는 유시민(38만7,734명), 2위는 박원순(37만3,317명)이었으니, 이정희의 경우 트위터 상에서 질적인 영향력이 가장 높이 평가 받았던 것이다.

그러나 불과 3개월 만에 그녀는 트위터를 접어야 할 만큼 정치적으로 철저하게 따돌려진 신세가 되고 말았다. 어떤 측면에서 이정희는 구당권파 실세로 알려진 '나쁜 남자' 이석기에게 정치적으로 '버림받은 여자'가 아닐까? 문화 칼럼니스트 권경률은, 'MB=나쁜 남자, 박근혜=버림받은 여자?'란 캐릭터로 한국정치를 드라마적 관점에서 해석한 적이 있다. 흥미로운 부분을 그대로 인용해 본다.

"…… 한국정치에도 '나쁜 남자'와 '버림받은 여자' 캐릭터가 있을까? 정치도 어떤 면에서 보면 당원, 정적, 국민을 대상으로 밀고 당기기를 한다. 상대는 순정을 다 바친다고 해서 쉽사리 마음을 열어주지 않는다. 연애와 비슷한 속성이 있는 것이다. 드라마처럼 '나쁜 남자'와 '버림받은 여자'를 주인공으로 삼는 이야기를 얼마든지 만들어낼 수 있다. 우리나라에서는 이명박 대통령과 박근혜 전 대표의 애증관계가 그래 보인다.

이명박 대통령은 정치적으로 볼 때 '나쁜 남자' 캐릭터에 가깝다. 집권 초기부터 미국산 쇠고기 파동, 미디어법 강행처리, 세종시 수정안 등으로 욕먹을 일이 많았다. 그런데 결정적인 국면마다 친서민 중도실용 카드를 꺼내 잃었던 점수를 만회했다. 시장통을 찾아 어묵을 먹거나 서민대출 현장에서 민심을 경청하며 '미워도 다시 한 번'을 부르게 만든 것. 연인의 기대치를 낮췄다가 한 번씩 진한 감동을 안겨주는 '나쁜 남자'의 수법이다.

박근혜 전 대표는 이명박 대통령과의 관계 속에서 '버림받은 여자'의 입장에 놓여 있다. 이 대통령은 과거 박 전 대표를 국정의 동반자로 삼겠다는 뜻을 천명했으나 끝내 실천에 옮기지 않았다. 오히려 세종시 수정안을 제기해 박 전 대표를 벼랑 끝까지 몰아붙였을 따름이다. 그렇다면 이제 2012년 정권 재창출로 가는 길 위에서 '나쁜 남자'와 '버림받은 여자'의 진검승부가 펼쳐질까?

한 가지 분명한 사실은 그럼에도 불구하고 두 사람의 관계가 매우 보완적이라는 점이다. 이명박 대통령은 유력한 차기 주자인 박 전 대표가 있기에 집권 후반기의 안정적인 정국운영을 설계할 수 있다. 마찬가지로 박근혜 전 대표 또한 이 대통령과 대립각을 세운 덕분에 '급이 다른 정치인'으로 대접받을 수 있는 것이다. 결국 드라마서든, 정치에서든 '나쁜 남자'와 '버림받은 여자'는 어쩔 수 없이 서로를 돋보이게 만드는 존재인 셈이다."

작가 이문열은 SNS로 인한 정치적 역기능에 대해, "지금 SNS는 영화나 소설과 마찬가지로 진실 여부에 대해 묻지 않는다. 소설은 상상으로 지어낸 이야기라는 전제에서 출발하지만 SNS의 내용은 허구까지도 진실로 포장되는 경우가 많다."고 우려하고 있다. 특히 스마트폰으로 대표되는 정보 공유면에서 SNS 활용은 여성이 남성들보다 훨씬 양에서 앞서가고 있다. MB가 아무리 그물을 치더라도 붙잡을 수 없이 빠져나가는 게 민심의 흐름이다.

박정희
아이러니

딸은 사안에 따라 아버지 시대의 일부 잘못을 사과하면서도("민주주의의 가치를 실현하기 위해 노력하신 수많은 분들의 용기와 희생에 저는 깊은 경의를 표합니다. 이 분들의 희생 덕분에 오늘날 한국의 민주주의가 꽃을 피우게 된 것입니다."—하버드대 연설문 인용), 성과를 부각시키는 일은 늘 조심스럽기만 하다. 하지만 대립각을 세우고 있는 김문수 지사는 전국을 무대로 또 적극적으로 박정희 시대의 치적을 말하고 다닌다.

"집권기간은 길었지만 이야깃거리가 무궁무진하며 '잘살아 보세'라고 외친 나라의 교과서"라는 표현으로 극찬하고 있다. 심지어 "서울 마포의 박 전 대통령 기념관에 가봤는데 너무 초라했다. 방치하고, 욕하고, 짓밟고, 욕해서 되겠느냐."고까지 흥분한다. 박정희 시대의 역사적 평가를 박근혜가 제기하면 시빗거리가 되고 김문수가 제기하면 시원하기만 한 게 바로 '박정희 아이러니'다.

비스마르크와 에비타의 두 얼굴

「뉴욕타임즈」(2012. 4. 21)에서 '청결한 기운을 가진 독재자의 딸Dictator's Daughter With an Unsoiled Aura'이라는 제목으로 박근혜를 소개하며, "박정희가 한국사회 일각에서는 인기가 있지만, 모두가 그를 좋아하지는 않는다. 그런데 이제 박근혜는 과거나 아버지가 아닌, 미래를 강조하는 것을 배운 것 같다."고 우호적으로 평가했다.

새누리당의 이미지를 부드럽게 만들려고 노력하고 있다면서 안철수라는 위협 요인을 들기도 했다. 그녀가 독일의 '비스마르크'를 닮은 박 대통령의 이미지와 아르헨티나 페론 시대의 '에비타'와 같은 여성의 이미지를 함께 갖춘 강점을 든 것이다.

같은 달 「오마이뉴스」가 인터뷰한 찰스 암스트롱 컬럼비아대학 교수(한국학 연구소장)는 다소 부정적인 견해를 피력했다. "그녀가 구식보수주의자라고는 생각하지 않는다. …… 남은 6~7개월이라는 시간은 한국 정치에서 보자면 상당히 긴 시간이다. 인물들의 부침이 한국 정치를 흥미롭게 한다. 나는 민주통합당이 합당한 전략과 후보로 대선에서 이길 가능성이 있다고 믿고 있다. 현재로는 박근혜가 유리한 입장이지만, 모든 가능성은 열려있다."고 유보적인 전망을 한다.

2012년은 마침 북한을 제외한 6자회담의 당사국 전부의 정권교체기다. 때문에 암스트롱 교수는 "대북정책 결정에 있어 남한 대선이 가장 중요하다. 왜냐하면 남한만이 대북정책을 바꿀 수 있기 때문이다. 어떤 면에서는 미국 대선보다도 더 중요하다."고 강조했다. 급변하는 국제 정세에서 박근혜의 지나친 심사숙고형 스타일이 순발력을 요하는 일에 다소 대처능력이 떨어지지 않나 하는 우려를 하고 있는 것이다.

그런 면에서 보면 김문수의 행보는 날렵하다. 연평도와 백령도 도발 이후 최전방을 방문하며 전선의 위기를 입력시키고 있다. 자신의 운동권이미지와 대북핸디캡을 의식하여 북의 도발에 대해 분명한 입장을 견지하려는 의도다. 대선출마 기자회견을 마친 직후에는 전직 대통령 중 가장 강경한 대북관을 가진 YS 자택부터 찾았다. YS는 "박근혜 대세론이라고 하지만 김 지사도 열심히 한다면 좋을 일이 있을 수 있다. 응원하겠다."고 격려했다.

박근혜의 대선가도는 능력을 검증받는 무대가 아닌 일방적인 공격과 수모를 감수해야 하는 무대가 될 가능성이 크다. 이미 민주당은 「부산일보」 노조출신의 2007년 퇴직자 배재정을 19대 국회 비례대표로 영입한 바 있다. 대선에서 박근혜의 공격수로 활용하기 위한 배치다. 재단의 뿌리와 물러난 정수장학회 이사장직과 그 후의 연결고리를 찾아 의혹을 확산시키려는 의도에서다. 야권은 실소유주 문제만 부각시켜도 밑질 것 없는데다, 「부산일보」 편집권 독립문제까지 메뉴로 걸어 모욕을 극대화하려 한다.

아버지의 빛과 그림자를 동시에 물려받아서 어느 하나도 쉬 내려놓을 수 없는 딜레마. 박근혜가 통과해야 할 검증은 때론 잊혀져가는 자들과 사라진 자들의 이름까지도 거론하면서 가야할 길고도 어두운 터널이다.

황우여 아니면
못할 역할

"······ 민심은 언제든 이번처럼 돌아설 수 있는 것이고, 다음에 다시 민심이 돌아서게 만든다면 단순히 한 정권의 몰락이 아니라 대한민국 운명을 바꾸는 결과가 될 것이다." 대표적 보수작가 이문열의 총선 후 평가다.

2012년 5월 새누리당 전당대회를 하루 앞둔 전국 251개 투표소의 당원·청년 선거인단 투표율은 14.1%에 불과했다. 20만6천여 명 가운데 2만9천여 명이 참가했으니, 투표소 한 곳당 평균 110여 명 투표로 거의 실패한 흥행이다. 박근혜 비상대책위원장이 "우리에게는 나라를 살리고 국민의 미래를 책임져야 할 역사적 책무가 있다."며 거창한 담론으로 대선 승리를 다짐했던 전당대회다. 그걸 요식으로 치러내는 새누리당에서 예전의 한나라당 스타일을 떠올릴 수 있다.

마음속에 온통 황색 걱정

문제는 왜 이 시점에서 황우여 대표체제가 필요한가 하는 점이다. 우연이지만 심재철, 정우택, 이혜훈, 유기준, 황우여 5명의 새누리당 최고위원 성을 발음대로 조어造語해서 배열하면, '심정心情이 유황有黃'으로 '마음속에 온통 황색 걱정만 가득'하다. 장차 발호할 노란 깃발 민주당에 대응할 빨간 깃발의 자세가 한층 선명해진다. 무엇보다 황 대표 본인의 이름만으로도 '황黃색 깃발에 대한 우려憂慮'를 가히 짐작할 수 있다.

심 의원을 제외하고 모두 친박근혜 최고위원이니 사실 누가 대표가 되든 상관이 없다. 이한구 원내대표─진영, 정책위의장─서병수 사무총장까지 포함된 친박 일색의 환경. 거기서 황우여 대표의 역할은 가능한 친박과의 충돌을 피하면서 비주류를 달래서 종착지까지 당을 끌고 가야한다. 친박 독주의 브레이크를 언제 어디쯤 어느 정도로 걸 것인가에 따라 그 능력이 시험받게 된다.

더구나 연말 대선시즌으로 가면, 새누리당은 2007년 말 이회창이 단독 출마했던 한나라당의 긴장국면과 유사한 상황에 다시 직면할 수 있다. 당시 삼성동 박근혜 자택까지 찾아가서 밤늦도록 서성이던 이회창의 초라했던 처지. 그때 외면했던 앙금 때문에, 이번 대선에서는 누군가가 나서서 어떻게든 '창'의 손을 잡고 달래서 보수표의 분산을 막아야 하는 것이다.

황우여는 감사원장 이회창에 의해 판사직을 던지고 감사위원으로 발탁되었고, 비례대표로 국회까지 같이 입성한 뿌리부터 이회창 사람이다. 10년에 걸친 '창'의 실패를 누구보다 가슴 아파했던 기억이 있다. 온갖 우여곡절을 겪은 탓에 '그 주변에 환관만 득세한다는 풍문'의 일간지 칼럼 주인공이 되고도 특유의 미소로 넘겨버릴 수 있는 정치인이 되었다. 여당의 대표로 중간 세객說客 없이도 이회창을 직접 설득할 수 있는 달개를 달았다.

PK표는 이미 무너져가는 성벽이니 보수해 봐야 다른 곳에서 물이 새는 한계가 있다. 결국은 충청도 표심인데, 이회창은 2007년 말 MB가 흔들렸을 때처럼 박근혜가 연말에 흔들리길 내심 기다린다. 그럴 경우 상황의 긴급성에 따라서 황우여는 자신이 새누리당 대표직을 창에게 양보하는 결단을 통해 끌어들일 수도 있다. 외로운 이회창의 자존심과 명예를 세워주는 빅딜인 셈이다.

아니면 향후 '대법원장 이회창' 정도를 보장해도 협상이 가능하다. 원래 대쪽으로 소문난 대법관 출신이니만큼 생의 마지막 공직을 대법원 수장으로 마무리하도록 배려하는 것도 괜찮은 정치다. 물론 이인제의 선진당 거취가 변수로 남지만, 그건 별도로 YS를 달래는 카드와 함께 협상테이블에 얹으면 된다. 이런 연대의 교통정리에 황우여는 안성맞춤의 최적임자인 셈이다.

총선 후 김무성 의원이 JTBC의 시사토크에 출연해서 "우리나라는 연대세력이 쭉 집권해왔다. 다음 정권도 역시 연대세력이 잡게 될 것이다. 연대하려면 지분을 갈라줘야 한다."라고 말한 배경과 같다. YS정권의 3당합당, DJ정권의 DJP연합, 노무현과 정몽준의 단일화 시도처럼.

이인제도 그 시사토크에서 대선에 후보를 낼 계획이 있는지 질문을 받자, "100% 낸다고 말할 수 있다. 내가 나간다는 것이 아니고……."라는 의지를 보였다. 덧붙여, "우리 당이 현재 의석수가 5석밖에 없어서 당은 작지만 국민적 여망을 받드는 후보를 내는 것은 가능하다고 본다. 지금 현재 전혀 정치적 기반이 없는 개인 한 사람이 대선 판을 뒤흔들고 있지 않은가?"라는 반문으로 안철수 교수 영입을 생각하는 듯한 발언도 했다. 원칙으로만 되지 않는 게 정치다. 때론 둘러가며 양보해야 하고 포기해야 할 사안이 있다. '정치공학'도 대권가도의 유용한 접근통로란 현실인식을 가질 때다.

이재오 의원은 「폴리뉴스」와 인터뷰에서 완전경선 반대론자들을 향해, "그 사람들은 나무는 보고 숲을 못 보는 것이다. 충성심은 좋지만, 결국 당의 본선 경쟁력에 있어 표의 확장성, 표의 포용성을 점점 어렵게 만들고 결국 본선에 가서 당을 어렵게 만드는 사람들이다."라는 표현을 했다.

김문수 지사도 같은 입장이다. 그는 MBC 라디오 '손석희의 시선집중'에 출연해서, "지금 박근혜 전 비대위원장을 지지하는 층과 그렇지 않은 층을 합치면 당연히 박 전 비대위원장 측이 부족하다."고 대세론과 지도부의 시각을 비판했다. 나아가 "당 지도부가 박심의 집행기구,

박심 살피기 기구가 돼 있다."는 비난에 이르면, 황 대표가 들어야 할 비난으로 조금은 억울할 수도 있을 것이다. 대표의 프리미엄이라 생각하고 어디에선가 비박의 경선불참을 막을 아이디어를 구해야 할 때다.

2%가 목마른
새누리당

자의 반 타의 반으로 제2의 손학규 같은 탈당후보가 새누리당에서 나올 개연성이 높아지고 있다. 19대 총선 정당득표는 새누리당(42.8%)+자유선진당(3.2%)=46%로, 보수표가 민주당(36.5%)+통합진보당(10.3%)=46.8%의 진보에 비해 0.8% 졌다. 이 근소한 차 때문에 향후 경선과 본선에서 2% 내외의 지지도를 가진 비 박근혜계 의원들에 의해 새누리당은 어떤 식으로든 휘둘릴 수밖에 없다. 거긴 탈당협박도 포함된다.

반면, 새누리당 후보들이 지역구에서 얻은 총득표 합계는 944만 3,933표로, 민주당과 진보당의 득표 935만4,141표에 9만 표 가량 앞선다. 그러나 유권자가 제일 많은 경기도만 비교하면 새누리당(222만5,675표)이 야권연대(233만6,803표)에 11만 표나 뒤진다. 이런 작은 표 차이로 인해 친박 일색의 당내구도에서 소수자가 큰소리를 칠 수 있게 된 것이다.

이상돈 교수는 김종인·이준석 두 비대위원과 더불어 위험수위를 넘나드는 설화로 유명하다. 5월 4일 「오마이뉴스」와 가졌던 인터뷰도 평소처럼 직설적인 표현이었다. "경선 과정에서 박근혜 대세론은 굳건한데 본선은 어떻게 보는가?"라는 질문에 "본선은 대세론이 없다고 생각한다."고 즉답했다. 그렇게 평가하는 근거를 야당이 강하기 때문이라고 했다.

그 모양새를 "병정 수는 많지만 화력이 부족하다."고 비유했다. 덧붙여서 언급하길 "…… 역동적 경선이 있을 것이고. 그 대선후보를 뒷받침하는 아래 그룹도 얼마나 튼튼한가. …… 이번 총선에서 야당이 질 수 없는 선거를 졌지만 결코 야당이 패배했다고 보지 않는다."고 진단한 것이다. 여당 지도부가 들으면 결코 기분 좋을 리 없는 야당에 후한 점수다. 이런 전망은 반전의 드라마가 없는 여당 경선과정을 감안한 걱정에 기인하고 있다.

하지만 그는 아이로니컬하게도 '경선이 무의미하니 박근혜를 추대하자'고 가장 먼저 주장했던 자다. 그야말로 이율배반의 극치다. 그래서 이상돈은 어떤 면에서 친이도 아니면서 친박도 아닌, 그냥 항상 비판적인 인물로 자신의 존재가치를 증명하며 해를 넘길 것 같다.

탈당은 아무나 하나?

공격적인 언어의 성향이 닮은꼴로 정두언 의원도 있다. 정 의원은 "이번 대선이 새누리당 후보와 야당 후보의 싸움이라기보다는 '박근혜 대 박근혜의 싸움'이다."란 표현으로 줄곧 박근혜의 변신을 요구해 왔다. 한 시절 2인자였던 이재오 의원도 대선후보 출마선언에 앞서 「동아일보」와 가진 인터뷰에서 새누리당 표의 한계와 자신의 탈당 여부에 관해 분명한 입장을 밝혔다. "지난 총선 때 우리는 투표장에 다 나왔다고 봐야 하는데 득표수로 보면 전체적으로 2% 졌다. 이번 총선의 한계를 딛고 더 나아가야 하는데 현재 새누리당 구조처럼 당을 움직여서는 안 된다는 게 당을 걱정하는 사람들의 비판이다."라고 표의 확장성 한계를 지적했다.

완전국민경선제가 끝내 받아들여지지 않으면? 이란 질문에, "그때 가서 심각하게 생각하겠다. 정말로 막무가내로 간다면 그 시점에 가서 생각해도 늦지 않다."고 여운을 두었다. "탈당은 아무나 하나. 탈당도 해본 사람이 하는 것이다."라고 박근혜의 2002년 탈당을 상기시키는 우회적인 정치적 협박에 가까운 발언을 해왔다.

나경원 의원은 5월 13일 JTBC의 직격토크쇼에 출연하여, "각종 의혹들이 악재로 작용했던 서울시장 보궐선거의 경우 7.19% 득표율 차이로 새누리당이 패배했던 반면, 이번 총선은 김용민 막말논란 등 호재가 있었음에도 서울지역 정당 득표율 기준으로 6% 가량 뒤졌다."며 '자다가도 속이 아픈' 자신의 억울한 공천탈락 심경을 내비쳤다. 외형상 총선은 승리했지만 대선을 생각하면 내용은 그리 좋지 않았다는 말이다.

나경원과 이재오의 동상이몽

하나의 역설이지만 새누리당이 대선에 승리하면 나경원의 미래는 없다. 그녀는 친이계의 대표적인 꽃이었기 때문이다. 반면 야권이 이기면 그녀는 산다. 잘못된 선거결과는 친박의 몫이 되기 때문이다. "손수조 후보 지원할 때는 마이크도 잡고 손도 열심히 흔들었는데 그땐 그런 게 없었다고 말하는 분들이 있더라."며 '카더라 통신'을 인용해서 박근혜의 소극적 지원에 섭섭했던 심정을 토로한 내막이 있다.

결론은, 새누리당과 박근혜는 딱 2%가 부족하고 이재오는 적어도 그 2%를 움켜잡고 있다는 사실이다. 친박이 대선에 승리하면 그는 손볼 사람 0순위에 오른다. 그렇게 될 경우를 상상하지 않는 것이 이상하다. 그가 만약 야당과 손잡게 되면 새누리에서 빠져나가는 −2% 손실이 야권에 가면 +2% 득이 되니 결국 4% 차가 생긴다. 비록 한 명의 국회의원에 불과하지만 이동하는 표는 100만 표 급이란 뜻이다.

파괴력에서 봐도 당 대표를 지낸 정몽준보다 오히려 원내대표를 한 이재오의 거취가 끼칠 영향이 크다. 세력도 그렇지만 험한 입은 더하다. 나경원이나 이재오가 대선과정에 소극적으로 움직일 가능성이 더 큰 이유는 전적으로 자신들의 미래와 관련되어 있기 때문이다.

이런 판국을 관망하던 민주당의 수도권 4선 의원 김영환이 새로운 인물론을 내세우며 대선후보에 가담한 이유가 명쾌하다. 그는 "새누리당은 이미 공연장 문을 닫았다. 더 이상 관객을 끌어 모을 방도가 없다. 박근혜 전 비대위원장이 대선 불출마 선언을 하지 않는 이상 대선까지 어떤 변수도, 클라이맥스도, 기승전결도 없는 밋밋한 모노드라마"라며 상대 당의 대세론을 평가절하하고 있다. 박지원이 말하는 '박근혜표 벽돌공장' 운운도 같은 맥락의 획일성에 대한 조롱이다.

나꼼수의 두목 김어준은 총선 후 나꼼수 런던 공연에서, "달랑 3명으로 200군데 넘는 지방 선거들을 커버하기는 불가능하다는 점에서 선택과 집중이 더 고려되어야 했다. 그러나 서울시장 선거에서도 보았듯이 1명으로 집중되는 선거판, 즉 모두가 모여 1명을 뽑는 대선에서는 다시한 번 나꼼수의 위력이 발휘될 것으로 본다."라고 자신감을 보였다.

자신들의 오버페이스가 막판에 총선을 망쳤다는 자책감에서일까. "지금까지는 전반전이었구요. 0:1로 지고 있습니다. 대선까지 후반전이 남았는데 죽기 살기로 해서 이겨야죠. 판 만드는 주역이 될 거고 절대 물러서지 않을 겁니다." 김어준은 여전히 쫄지 않고 덤빌 각오를 하고 있다. 새누리당은 2%에 목마른데 상대는 정당이 아님에도 불구하고 '죽기 살기'로 전장에 나서고 있는 사실. 꼭 그 의욕만큼의 표 차이가 대선을 흥미진진한 관전거리로 만들 것이다.

윤여준과
정치

윤여준은 안철수에게 '정치를 개혁하는 운동'을 하자고 처음 제안한 장
본인이다. 그렇게 된 계기는 청춘콘서트 현장의 반응 때문이었다. "청춘
콘서트에 모여든 사람들이 워낙 열광하니 나도 놀랐다. 내가 안 교수 보
고도 사람들이 열광하는 것은 당신 책임 아니냐, 이 책임을 어떻게 소화
할 것인지 고민해봐야 하는 것 아니냐, 정치에 대해 행동하는 것이 필요
하고, 젊은이들도 그런 것을 요구할 것"이라고 말해 주었다고 한다.

　총선 투표율은 54.3%. 대선은 총선보다 적어도 10% 이상 투표율이
높아지고 상대적으로 20~40대 젊은 층 표가 더 많기 때문에 여당에 불
리하다. 2007년 대선투표율이 63%, 2002년 대선투표율이 70.8%인
점을 감안한다면 20~40대의 표심 공략이 연고지역의 득표보다 선급한

과제임을 알 수 있다. 윤여준은 그 세대의 표를 움켜쥔 안철수의 가능성과 그 파괴력을 미리 알아보았다는 뜻이다.

창조한국당으로 출마하여 쓴 잔을 맛보았던 정치선배로 20년 전부터 부부간에도 친분이 있다는 문국현의 조언(TV조선 '장성민의 시사탱크')도 안철수의 출마에 시사하는 바 크다. 그는 "당을 만들면 불필요한 일에 끌려다니고, 불신이 많아서 기존의 정당보다 잘한다는 보장이 없다. 양대 정당은 국민의 45%만이 지지하고 있다. 거기 기웃거리지 말고 국민을 대변하는 외로운 그러나 참지도자가 되기를 바란다."고 독자출마를 권했다.

그래서 민감한 정치적 인물과 이슈를 다루는 생방송 정치토크쇼가 윤여준에게 맡겨진 것이다. 〈윤여준의 정치 차차차〉(TV조선)라는 프로그램은 도전Chalenge · 변화Change · 기회Chance의 영문이니셜 앞 글자를 조합한 조어로, 평일 오후 다섯 시부터 50분 동안 전문가 대담으로 현실정치를 쉽게 분석해주고 있다.

제1회 방영은, 총선 D-23일 째 되는 날인 3월 19일 '대의민주주의 위기'라는 주제로 시작했다. 매회 외부인사로 비중 있는 정치인과 시사평론가, 대학교수 등 시각이 다양한 멤버들이 출연하여 정치적 갈증을 풀어준다. 공교롭게도 총선을 전후하여 통합진보당의 경선과정에 얽힌 부정선거문제가 부각되면서 이 프로그램의 주제설정은 탁월한 예측이 된 셈이었다.

'민주주의'를 유린한 사건이지만, 부정한 방법으로 단 금배지를 현실적으로 무효화할 수단이 마땅치 않다는 한계를 비로소 알게 된 셈이다.

특히 꼬박꼬박 당비를 낸 당원들의 입장도 그렇지만, 그런 자들을 위해서 국민의 세금이 배정된다는 사실도 참으로 기가 막힌다.

'깜이 안 된다'는 김종인의 안철수 촌평

그 프로그램 초기에 출연했던 김종인 새누리당 비대위원은 안철수 교수의 대선후보 자격여부에 대해서, 정치지도자로선 "깜이 안 된다."고 직격탄을 날렸다. 그는 한때 진행자인 윤여준과 함께 안철수의 '청춘콘서트'에 같이 참가한 적도 있는 사이다. 특히 안 교수가 서울시장 출마여부로 고민할 때 처음 논의를 했던 당사자들로서 그 출마번복에 이르는 과정을 누구보다 생생하게 알고 있다. 게다가 당시 안철수의 정치적 멘토라고 알려져 있는 인물이기 때문에 그런 부정적인 지적이 의외였다.

무릇 정치인의 덕목 중에 가장 큰 것은 '미래를 예측하는 능력'이다. 하지만 후일 그 예측이 맞지 않을 경우도 생긴다. 그때 그 틀린 이유를 국민들에게 설득할 능력이 있다면 진짜 정치인이라고 할 수 있다. 지난 보수정권 시절 총선과 대선의 소문난 전략가 윤여준도 그런 정치인 중한 사람이다. 물론 그가 개입했던 선거가 이길 때도 있고 질 때도 있었다. 전쟁에서 승패는 항상 있는 일이고, 세월 따라 노장의 창이 다소 녹슬어가는 것도 어쩔 수 없다.

「주간경향」 창간 20주년 기념 여론조사(2012년 5월)에서 박근혜와 안철수가 양자대결을 벌일 경우 53.1대 43.2로 박근혜가 이기는 것으로 나왔다. 이 결과를 윤여준은 어떻게 해석할까. 그는 안 교수가 "지도자가 담대하기도 하고 결연하기도 하고 전략적이기도 해야 하는데 ……그런 모습을 보여준 일은 없고 계속해서 유명한 운동선수가 링 주변을 뱅뱅 돌면서 안 올라가는 모습" 때문이라고 했다.

이어서 '안 교수를 포함한 야권의 대선구도'에 대해선, "안 교수든 문재인 고문이든 김두관 지사든 독자적인 힘으로는 박근혜 의원을 이길 수 없다. 지금 민주당에서 거론되고 있는 후보들과 안 교수가 다 힘을 합쳐야 박 의원을 이길 수 있을 것"으로 보았다. 그 이유를 박근혜의 지지세의 확장성보다 강고성에 비중을 두었다. 어쨌든 윤여준은 '다 합치면 박근혜를 이길 수 있을 것'이란 전망과, 그렇게는 되지 않을 것이란 바람을 함께 말하고 있다.

정치를 잘못하면 경제가 잘못될 수 있다. 결국 그 정치 지도자를 유권자들이 잘 선택하는 혜안이 필요하다. 이제 각 당의 경선과 대선을 앞두고 후보자를 검증할 시점이 가까워 온다. 일찍이 플라톤은 저서『국가론』에서 정의로운 사회구현을 위해서는 '철학자가 왕이 되거나 왕이 철학자가 되어야 한다'고 했다. 개인의 행복과 도덕이 국가란 공동체 안에서 실현되기 위해서, 무엇보다도 좋은 지도자를 선택해야 할 필요성을 역설한 것이다.

그런 의미에서 〈윤여준의 정치 차차차〉는 바로 그 좋은 지도자를 검증하고 선택하는 나침반 역할을 해줄 것으로 본다.

일사불란을 얻고
다양성을 잃다

나꼼수 런던 공연에 모인 젊은이들 표정

"2007년 여름이었어요. 노짱이 저희를 청와대로 초대해 주셨죠. 저희
를 만난 노짱은 어깨를 들썩이며 흐느껴 울더라고요. 얼굴을 양손에 파
묻고. 정말 주체할 수 없을 정도로 펑펑 우셨어요. …… 모두가 반대하
고 등 돌리던 시점이었거든요. 우리도 다 같이 울 수밖에 없었어요." 노
무현 사후에 어느 노사모 회원이 인터넷 카페에 올린 회고 내용이다.

속칭 '노사모(친노 팬클럽들 통칭)'와 '박사모(친박 팬클럽들 통칭)'는 회원들
의 연령대와 문화면에서 뚜렷한 차이가 있다. 노사모는 주군이 사라진
후에 일부가 〈노무현재단〉으로 분화되었으나, '제2의 노무현'을 내세우
기 위해 모색 중이다. 반면, 박사모는 실패를 재연하지 않기 위해 노사
모에 비해 정치적 입장을 적극 표현하고 있다.

12만여 명의 노사모, 문성근의 '국민의 명령'이 19만여 명, 문재인의 '문사모' 등 2만여 명을 합하면 친노 회원은 33만 명이 넘는다. 여기에 투옥 중인 정봉주 전 의원의 팬클럽인 '정봉주와 미래권력들'의 20만여 젊은 회원들은 민주통합당 당대표 경선까지 개입하며 독자적인 세를 과시한 바 있다. 그들은 내부적으로 지지 입장을 밝혔던 강기정·이종걸 두 후보를 최고위원으로 만들고, 막판에 이해찬 체제를 세울 만큼 민주당을 간섭하는 또 하나의 지분이 되었다.

　하지만 박사모는 6만여 명에서 정체된 회원과 1만여 명 내외의 몇 개 친박 팬 카페 회원을 다 합쳐도 10여만 명 대를 넘지 못한다. 물론 진보당의 진성당원이 7만5천 명에 불과한데도 그 몇 배의 결속력을 발휘하는 것을 보면, 느슨한 연대의 정치성을 띤 팬 카페 회원의 단순한 머리수 비교는 큰 의미가 없다고 할 수 있다.

결집력과 충성도 차이

문제는 충성도다. 노사모 메인홈페이지는(2012년 6월 기준) '노무현기록관 건립후원금모금'이 실시간으로 진행되고 있으며 6천여만 원 이상이 모금되었을 정도로 충성도가 높다. 그건 여전히 이념적인 소수의 회원들이 카페를 끌고 가고 있다는 하나의 사례에 불과하다. 노무현재단의 후원회원이 4만여 명이나 되고, 1년에 45억 원 이상 현금이 들어온다. 그걸 어떤 용도로 사용할 것인가도 고민이다.

팬 카페의 라이프사이클 속성이 지속적으로 오프모임을 만들고, 도발적인 이슈를 만들어야 할 필요가 넘치는 재정의 활용에 있다는 증거다. 노사모와 박사모는 그 지지층 회원들의 자발적인 후원 면에서 보면 비교가 안될 정도로 확연한 차이가 난다.

연령 분포에서 보면 박사모 팬클럽은 주력이 50~60대로 노사모의 주력인 40대 전후보다 10년 이상 많다. 따라서 외부 도움 없이 자체역량으로 대규모행사를 치러낼 능력 면에서(인원과 장비의 동원력) 큰 차이가 난다. 몇 가지 특징들을 짚어 보면, 우선 노사모는 노무현을 통해서 풀어보고자 했던 그들만의 한恨이 여전히 있다. 그건 계층적으로 아래로부터의 결집력을 상승시키는 1차적 동력이다.

노무현의 정제되지 않은 구어체 연설을 들어오는 동안, 노사모는 그들을 대신해서 할 말을 거침없이 해준다고 느끼게 된 동질감이 형성돼 있었다. '바보 노무현'으로 동감하는 그야말로 특권 없는 이웃 아저씨 차원이었다. 이에 비하여 박근혜는 소통하는 언어의 정제성에서 서로 유리된 감이 있다. 팬 카페 회원들에게 하나의 범접할 수 없는 우상이 되어서 일방적으로 듣고 환호하는 대상이 되었다.

노무현이 단일후보로 확정되는 순간까지 핍박받던 상황이 노사모로 하여금 보호본능을 발휘하도록 만들었다. 처음엔 그들의 메시아로 등장했으나, 나중에는 그들 스스로가 노무현의 당선을 돕기 위해 뭔가 하지 않으면 안 될 결속력과 사명감을 갖게 되었다. 집안의 돼지저금통을 들고 나오면서 위기의 노무현을 구한 차원이, 사후에는 그의 명예를 살리자는 쪽으로 기록관건립 모금운동 등으로 진화된 것이다.

하지만 박사모에게도 2007년 경선패배란 아픈 상처가 있음에도 불구하고 그런 운동이 먹혀들지 않는 이유가 있다. 박근혜는 노무현 정권과 MB정권에서 치른 선거의 대부분을 이김으로써, 팬 카페 회원들은 자신들이 특별히 희생하면서 그녀를 돕지 않아도 된다는 자위감을 갖고 있었다. 어떤 측면에선 박근혜의 인기에 편승하며 키워진 조직으로 되었기에, 박사모와 유사한 성격의 여러 카페들과도 연대보다는 시기와 경쟁을 하는 관계가 되고 있다.

마지막으로, 노사모는 2002년 대선에서 대반전의 드라마를 연출한 성공의 경험이 있는 데 반해 박사모는 그게 없다. 박사모가 2007년 경선에 불복하고 잠시 이회창을 위해 독자적인 행보를 했던 사건이, 정치적 순수성 문제냐 정치 전략의 부재냐 하는 논란과 별개의 문제다. 즉 박사모가 경선실패로 인해 제대로 본선을 치를 경험을 갖지 못했다는 사실은, 장차 주력군이 맞붙을 2012년 말의 전장에서 노사모 같은 파워의 위상을 가질 수 있느냐는 문제로 귀착된다.

2007년, 통곡의 벽

AD 70년 로마의 점령군 티투스가 성전을 파괴하고 로마의 강성함을 과시하기 위해 서쪽 벽만 남겨둔 채 유대인들의 출입을 막았다. 그게 천년의 세월이 흐르면서 유대인들이 반드시 찾게 되는 성지로 '통곡의 벽wailing wall'이 된 것이다. 나라를 잃고 세계를 유랑하면서도 가슴속에는 희망을 버리지 않고 서로가 굳게 약속했다. 해가 바뀔 때마다 언제나 '내년에는 예루살렘에서next year in Jerusalem'라는 기도를 계속했고, 마침내 그 꿈은 이스라엘에 의해 감행된 1967년 '6월 전쟁'의 승리로 예루살렘을 탈환하게 된 것이다. 근 2천 년에 걸친 이스라엘 민족의 한결같은 공동체 정신.

박사모에게도 비슷한 아픔이 있었다. 2007년 12월 엄동설한에 한나라당 당사 밖에 텐트를 치고 밤새워서 농성하던 일단의 무리들. 그들은 대부분 '박사모' 카페 회원들이었다. 당시 한나라당 당사의 차가운 벽은, 밤이 깊어질수록 결코 돌이킬 수 없는 대통령후보의 경선결과를 규탄하고 울부짖는 '통곡의 벽'이 된 셈이었다.

팬클럽과 연계된 새누리당과 민주당의 선거전략 특성은 간단하다. 개인의 지지도로 치르는 선거냐, 팀워크로 치르는 선거냐의 차이다. 새누리당은 폐가 직전의 자기 집안 재기 문제를 전적으로 박근혜 1인에 의존했다. 두 차례나 당을 재건하는 과정에서 의존도가 심화되어버린 부정적인 요소로 인해 일사불란을 얻은 대신 다양성을 잃은 것이다.

더구나 친박의 유명인사들 중 조국·김제동·공지영·김어준처럼 서점이 아닌 장소에서 팬 사인회를 할 만큼 대중동원력을 가진 사람이 별로 없다. 하지만 만약 특정한 장소에 박근혜가 온다는 공지가 뜨면 그날 행사규모는 최소 10배 이상 커진다. 박근혜의 대중인기가 지배하는 정당의 한계다. 자신들이 좋아서 자발적으로 참가하는 조직이 아닌, 눈치보고 모이는 조직으로 퇴행한 결과다. 그건 국회의원들의 출판기념회에서도 똑같은 현상이다. '친박'이란 계보의 확인보다도 '박근혜 얼굴'

의 확인이 더 중요하다.

민주당은 의사결정 과정에서 계파 간의 노선투쟁을 통해 대의명분을 축적하며 볼륨을 키우는 데 능수능란하다. 여차하면 거리로 나가서 대중동원력을 극대화, 광역화 시키는 역량도 있다. 당 밖에는 언제든지 각개 전투로 사람을 모을 수 있는 진보성향의 친 민주당 연예인들도 많다. 뿐만 아니라 노총이나 전교조를 비롯한 시민단체의 원군을 지원받을 수 있는 희망이 있어서, 수비에 강하고 공격에 치열한 대형유지가 가능한 것이다.

무엇보다도 민주당은 인터넷환경에서 언론을 훨씬 우호적으로 가진 점이 강점이다. 블로그와 트위터를 활용하는 SNS는 이미 완전히 개방된 단계라서 그 영향 면에서 양당의 격차는 줄어드는 추세다. 신속성과 광역성이란 속성이 긍정적인 측면보다 오히려 특정인을 공격하는 네거티브에 유용한 수단으로 전락된 감이 있다.

독배毒盃가 된
오픈프라이머리

비박 진영이 당내 절대적 소수자에서 야당과의 전략적 연대를 하면 다수파의 지위를 얻는 역전도 가능해졌다. 새누리당 비박 진영 의원 12명이 제출한 오픈프라이머리(완전국민경선제) 의무적 도입을 위한 공직선거법 개정안. 그건 본격적인 오픈프라이머리 이슈화의 도화선이자 친박의 바위에 던진 계란이다. 그들은 집안에서 기회 있을 때마다 쟁점화를 시도하다가, 마침내 국회가 열리자 공론화시킬 대안을 찾은 것이다.

'비박+야당'이 친박보다 수적 우위

19대 국회가 새누리당의 아슬아슬한 과반으로 문을 연 게 변수였다. 민주당이 가세하면 여야의 현재 의석 비율에서 '비박+야당'이 수적 우위로 친박계를 압박할 수 있기 때문이다. 민주통합당과도 이해가 맞아떨어진 만큼, 비록 소수지만 꼬리가 몸통을 흔들 수 있는 위상이 된 것이다. 여·야구도가 아니라 친박-비박이란 전선 구축으로 박근혜 대세론에 연결된 도화선을 찾은 셈이다.

한마디로 적과 동지의 구분이 모호해지는 새로운 전선을 형성시켜서 서로의 맷집을 테스트해보기엔 이보다 더한 호재는 없다. 국민적 관심이 있고, 여당의 균열을 도모하며 사안의 시급성까지 겸비하니…… 당연히 언론도 동참한다. 친 김문수 계인 김용태 의원이 제출한 이 법안의 골자는 간단하다. 대상은 국고보조금을 받는 정당이고, 대선 오픈프라이머리는 선거일 90일 이전에 실시하며, 유권자는 1개 정당에만 투표하는 내용이다. 겉으로는 아무 문제가 없는 명쾌한 법안이다. 하지만 이 법안을 친박계가 받아들이느냐 거부하느냐가 전적으로 박근혜의 의중에 달려 있다는 게 문제다.

즉 법안상정과 시비 논란과정에서 박근혜의 강고하고 수구적인 태도를 최대한 노출시켜 국민들에게 부정적인 이미지를 확산시키려는 불순한 의도가 담겨있는 것이다. 특히 이 법안이 일자리창출이나 민생과는 직접 관련이 없으니, 시간을 끌수록 '박근혜가 양보하지 않아서 그렇게 지체 된다'는 식의 덤터기 욕을 먹게 될 여지가 크다.

박지원이 이런 틈을 놓칠 리 없다. CBS 라디오 '김현정의 뉴스쇼'에서, "사실 새누리당 최고위 회의는 박근혜 근위대처럼, 박근혜 전 비대위원장이 뒤에서 조종을 하는 데 따라서 움직이는 것 같다."고 내전을 부추겼다. 법안의 서명자는 당초 김용태 본인과 정몽준, 이재오, 조해진, 안효대 5명에 불과했다고 한다. 이후 심재철, 정병국, 정두언, 권성동, 김성태, 이군현, 김태호 의원 등 친이계 다수가 서명하여 제출 시에는 12명으로 되었다. 그중 심재철 최고위원 혼자만 국회에서 오픈프라이머리 토론회를 열어서 판을 키워보려고 애를 쓰는 중이다.

「조선일보」는 사설에서 "새누리당 대표 경선은 당선자를 미리 점찍어 놓는 바람에 파리를 날렸지만, 민주당 대표 경선은 울산, 부산, 광주·전남에서 세 차례 경선을 치를 때마다 1위가 바뀌면서 구경꾼이 모여들고 있다."고 비교했다. 심지어 대선후보를 '국민경선'으로 선출하자는 논의가 '멈춘' 새누리당의 상황을 '비정상'이라고 규정하고, "박 전 위원장이 대선후보가 되고, 대통령에 당선될 경우 새누리당 분위기가 어떻게 돌아갈지 훤히 그려진다."고 꼬집었다.

「동아일보」도 비슷한 우려의 논조였다. 한 정치부 기자는 칼럼에서 "새누리당은 어떻게 관객을 끌 것인가. 재미있는 경선보다 더 나은 해법은 없다."고 지적했다. 예측불허의 민주당 대표경선을 「중앙일보」는 '나흘 만의 탈환', 「동아일보」는 '반전에 반전의 연속'이라는 제목으로 시시각각 경선현장의 실황을 중계하고 있었다.

김문수 지사도 「데일리안」과의 인터뷰(2012. 5. 24)에서 완전국민경선에 대한 입장을 말하며, "오픈프라이머리를 받아야만 야권의 3단 로켓

요술을 제어할 수 있다. 우리의 대세론이 마지막에 뒤집어진 것은 개헌을 매개로 한 DJP(김대중-김종필)요술, 노무현-정몽준 요술에 무방비 상태에 있었기 때문"이라고 뼈아픈 패전의 예를 들었다.

그는 "이번에도 꼭 같다. 1단계 민주당, 2단계 통합진보당, 3단계 안철수라는 민주당의 3단 로켓요술은 매우 흥미롭다. …… 정치적 무관심층과 정치적 중도파, 무당파층, 젊은이들과 정치혐오 층에게 신선한 바람을 불러일으켜 …… 마지막에 역전을 가져올 것"이라고 오히려 적진을 부러워하고 찬양한다. 당분간 자중지란으로 인해 오픈프라이머리는 새누리당에게 억지 원샷 건배乾杯를 강요하는 독배毒盃가 될 것이다.

'완전경선'자체가 목적이 아니라 그 주장을 통해 적과 동지를 구분해 내려는 숨은 의도가 있다. 정당정치의 가치 훼손과 당헌·당규를 무시하면서 얻는 것보다 잃는 것이 많은 시비. 경선흥행을 위해서 모든 것을 희생해도 좋다는 주장은, 전당대회까지라는 소멸시한 앞에서 왜소해질 수밖에 없다. 그래서 8월은 더 뜨겁게 달아오를 것이다. 오픈프라이머리는 누구도 못 비운 독배가 되어 출구전략을 고심할 때다.

맞대결
여론조사의 위험

언론사가 반복적으로 영세한 여론조사 기관의 자료를 인용하기 시작하면 여론이 왜곡될 수 있다. '사후약방문死後藥方文'이 될지언정 인용조사의 객관성과 신빙성을 검증해야 최소한 여론조작이 기생하지 못한다. 일부 언론사들이나 정당의 관련자들이 운영하는 여론조사 기관의 아전인수식의 엉터리자료는 더 말할 필요도 없다.

그런 조심스런 전제에서 「한국일보」가 한국리서치를 통해(2012년 6월 초) 전국 성인남녀 1,000명을 대상으로 한 여야 대선주자를 1대 1로 가상 대결시킨 결과를 인용해 본다.

이 가상대결 구도에서 야권의 모든 유력 주자들을 박근혜가 앞섰다. 그중에서 박근혜 대 안철수는 48.2% 대 45.2%로 3.0% 리드했다. 그동안 두 사람은 몇 차례 반전을 거쳤으나 4·11 총선을 승리로 이끈 이후 박근혜가 다시 앞서게 된 것이다. 박근혜와 안철수는 유권자의 연령·성향·지역 세 측면에서, 다른 여론조사에서도 이미 화해할 수 없는 뚜렷한 차이를 보였다. 약간의 편차는 있지만 둘의 지지 우열 면에서는 변함이 없었다는 뜻이다.

첫째, 연령별로 50~60대는 박근혜 쪽이 40대 이하에서는 안철수 쪽이 지지율이 높다. 이 부분은 두 사람의 맞대결 구도로 여론조사를 한 이후 거의 모든 여론조사에서 일치된다. 50대 이상은 59.8% 대 33.3%로 박근혜 우위 40대 이하에서는 52.8% 대 40.5%로 안철수가 앞선다.

둘째, 보수 유권자들은 67.8%가 박근혜를, 진보 유권자 층에서는 63%가 안철수 지지로 나타났다. 이 부분 역시 대부분 여론조사가 동일하다. 2012년 6월 7일 민주당 대표경선 후보 김한길이 YTN라디오에서, "공안정국으로 판을 키워줘서는 안 되는데, 현재 MB정부와 새누리당의 4년간 부정부패가 다 덮어져 버리는, 참으로 안타까운 상황"이라고 탄식한 배경은 바로 보수층의 박근혜 지지도 확산을 의식한 것이다.

셋째, 지역별로는 대구·경북에서 박근혜와 안철수 지지율 격차가 64.0% 대 31.7%로 두 배 이상 높았다. 반면 호남권에선 안철수와 박근혜 지지율 격차가 75.2% 대 19.4%로 근 4배 정도의 압도적인 지지율 차이를 보인다. 안철수의 부인이 호남출신이고 처가의 장인·장모가 그 지역에 현재 살고 있는 점도 선호의 한 요인이다. 이 격차도 다른 여론조사에서 시종 유지되고 있다.

친민주당 성향의 김태일 영남대 교수가 민주당 의원워크숍에서 "안철수에 관해 말을 꺼낼수록 민주당은 초라해진다."며 자기 당 후보의 체력보강에 주력하라고 주문한 원인은 바로 이런 여론조사결과를 인지하고 있기 때문이다. 또한 김두관 지사가 퇴임을 앞두고 공격의 타깃을 안철수로부터 박근혜 쪽으로 급선회한 배경 즉, "…… 부와 신분도 대물림 받은 측면이 강하다. 이런 사회에서는 서민들에게 희망이 없다."란 표현으로 작심하고 1등 주자를 비판한 전략적인 이유가 있는 것이다.

안철수는 가정용 게임기 경쟁에서 소니와 닌텐도의 예를 들어 최강자의 추락위험을 지적한 적 있다. "닌텐도는 스스로의 힘은 미약하지만 게임 회사들을 수평적 관계 속으로 끌어들여 자기편으로 만들었어요. 요즘 경쟁은 연합군 간의 경쟁입니다." 그는 연대의 힘을 정치에 앞서 비즈니스에서 이미 체득하고 있다는 뜻이다. 궁극에 가서는 야권이 내미는 손을 뿌리칠 이유가 없다고 본다.

김어준이 단정적으로 한 말, "내가 확실히 말할 수 있는 건, 문재인과 안철수는 개인적인 득실 따위와 무관하게, 아무런 조건 없이 서로 지지하거나 연대하는 것이 가능한, 매우 예외적인 사람들이라는 점밖에 없다." 결국 다수가 연합군 편성 쪽에 배팅을 하는 이유다. 그는 책 『닥치고 정치』에서 문재인만 언급한 게 아니다. "만약 안철수 정도 되는 인물이 정치전면에 나서겠다고 선언만 하면 기존 정치권으로선 도저히 이해할 수 없는 수준의 거대한 회오리가 일어날 거야."라는 예측도 했다. '나꼼수'를 그냥 '꼼수'를 부리는 소집단 정도로 생각하면 큰 코 다친다.

여성이란
벌집 건드리기

2005년부터 2년마다 세 차례에 걸쳐 박근혜의 대중 이미지를 분석해
기고했던 연세대 황상민 교수. 그는 최근 김연아에 대한 심리분석에서
보듯이 여성에 대해 다소 편파적인 측면이 있다. 하지만 2011년 서울
시장 보궐선거를 앞두고 『월간중앙』에 기고한 내용은 정곡을 찔렀다.
"박근혜 반대파는 그에 대한 대항마로 '참신한 정치인'을, 박 전 대표를
'연예인 정치인'으로 보는 중도파는 대항마로 '시민운동형 정치인'을 내
세운다."고 분석했다.

그는 "박 전 대표를 반대하거나 연예인으로 보는 유권자들은 어떤 경
우에도 그를 대통령으로 뽑지 않으려는 경향이 강하다."고 지적하며,
나경원 후보의 지원유세에 나서는 박근혜의 역할을 부정적으로 보았
다. 결과적으로 박원순 후보는 바로 '참신함'과 '시민운동형 정치인'이라
는 안티박근혜의 요건을 모두 충족시킨 후보였다. 반면에 그 선거는 여

성이 같은 여성을 질투하고 미움을 갖도록 집요하게 선동한 결과의 반영이기도 했다. 1억 원대의 피부클리닉 운운으로, 가진 자에 대한 반감을 부추겨 없는 사람들을 자극한 야비한 술책이었다.

그런 차원에서 분류해 볼 때, 이재오 의원이야말로 박정희 대통령 당시부터 전형적인 '시민운동형 정치인'으로 박근혜 대항마의 한 축이 된다. 때문에 "나라가 통일돼 평화로워진 후라면 몰라도 아직은 시기가 이르다."는 이재오 의원의 여성대통령 시기상조 발언은, 그가 현재 처한 입장에서 탈출하기 위해 할 수 있는 당연한 발언이다.

하지만 오늘날 여성들이 우리 사회에서 감당하고 있는 막중한 역할과, 상승된 정치적 지위 자체를 무시한 시대착오적인 망발에 불과하다. 뿐만 아니라 여성의 능력과 유권자로서의 집단을 간과한 계산착오다. 그 발언으로 인해 오히려 박근혜 지지자와 중립성향의 여성들을 분노시켜 결집시키게 된다. 당내경선부터 마지막 본선까지 시종일관 남성들에게 포위된 채 집요한 공격을 받게 되는 유일한 여성후보. 하지만 잘 버티어 오다가 막판에 코너에 몰리고 흔들리게 되면, 여성이기 때문에 오히려 동성들의 보호본능을 자극시켜서 순식간에 동정 여론으로 파급될 가능성이 크다.

두 개의 벌집 동시 털기

특히 영향력이 큰 TV방송의 대선후보 토론회 등을 통해 불행한 가족사가 들먹여지며 야비한 질문과 부당한 공격이 계속될 경우다. 만약 다소 곤란스런 질문에 박근혜가 눈물이라도 비칠 경우엔 파장이 즉각적으로 나타날 수밖에 없다. 자신의 비전을 얘기하지 않고 여자를 상대로 약점이나 공격하는 '나쁜 남자'의 이미지를 갖게 되는 것이다. 소위 출처불명의 X-파일을 들먹일수록 야권의 파상공격은 승부수가 벌집을 건드리는 악수로 귀결된다.

특히 민주당이 사전선거운동 의혹으로 제기한 충북 옥천의 육영수 여사 생가 방문 문제도 그렇다. 일부 약장수들이 육여사 생가 방문을 미끼 상품으로 내걸고 도중에 인삼 등을 강매하는 코스관광으로 사실상 박근혜 가족도 피해자인 셈이다. 지난 10여 년간 많은 피해자들의 하소연이 있어서 수차례 경찰에 신고는 물론 해당 사업자들에게 경고도 했지만 소용이 없었다고 한다.

관광방문을 주선한 업자들의 전화번호도 있으니 전화만 걸어보면 내막을 알게 될 일인데, 그걸 불법선거운동으로 몰고 네거티브 공세를 하고 있다. 경찰과 선관위에 조사를 요구하는 것으로 마치 의혹이 기정사실인 양 선전하는 전형적인 네거티브로 '아니면 말고' 식 수법이다. 무엇이든 꼬투리만 있으면 박근혜와 연결시켜서 해명부터 요구하는 유치한 전략. 국민 의식수준을 우습게 보는 발상에서 나온 행태다.

털면 털수록 박근혜란 벌집도 자극할 뿐 아니라, 육영수란 더 오래된 여왕벌이 기거하는 큰 벌집을 함께 건드리는 격이 됨을 그는 모른다.

명은 유일한 똘파

통령의 혜안과 의

[시론] 2012. 3.

꼼수 심판 [시론

2012. 4. 1

리카의 새마을 운동

m 칼럼 2012. 3. 2

당당한 새마을기 발

m 칼럼 2012. 6. 2

한민국 성공 스토

의 재도전 [시정일보

특별기고 2012. 4

제5장

미완의 혁명

혁명은
유일한 돌파구

1960년대 초의 대한민국 현실은 인구 3천만 명에 수출이 겨우 3천만 달러를 넘고, 수입은 3억천만 달러에 불과했다. 수입품 대부분이 생필품이었으니, 당시 나라 경제는 파산한 상태로 기본적인 생존조건이 미국의 원조에 의존하는 상태였다. 황폐한 땅에 자원과 기술도 전혀 없었던 세계 최하위 빈곤국으로, 국민 대부분이 한 끼 쌀밥을 배불리 먹는 게 소원인데 배부른 민주주의를 외치고 있었다. 전국의 산도 헐벗고 굶주리긴 마찬가지. 뜯어 먹을 풀뿌리마저 앙상했고 벗겨먹을 나무껍질도 야위긴 마찬가지였다.

4·19 이후 정치·사회·군대·경찰도 여전히 부패와 혼돈으로 표류하고 있을 때, 우국충정으로 분노한 일단의 청년장교들이 의지했던 유

일한 장군 박정희. 1961년 5월 16일 새벽, 유언장 하나 없이 한강 다리를 넘을 수밖에 없었던 군사혁명의 필연이 거기 있었다. 혁명을 '쿠데타'라고 이름을 바꾼다 한들 애초의 그 숭고했던 혁명군의 기상이 훼손될 리 없다.

그가 역사에 지은 과오가 있다면, "우리도 하면 된다. 우리도 한번 잘 살아보자."라는 구호로 국민들에게 희망과 용기를 불어 넣고 '수출만이 살길이다'라고 독려한 게 전부다. 새마을운동을 통해 농촌의 소득증대 사업과 정신혁명을 이끈 불세출의 지도자. 머리카락을 모으고 쥐를 잡아서 시작했던 초라한 해외시장 개척이 지금 세계 7위의 수출 대국이 된 것이다. 그게 부끄러운 과거라고 숨기고 싶은가?

수출전략 자체가 혁명적 발상

1960년대 초의 5대 수출 주력상품은 가발, 조화, 인형, X마스 트리용 미니전구, 쥐털로 만든 '코리아 밍크'였다. 그는 절대적 농업 국가를 경공업을 거쳐 중화학공업으로 경제구조를 개편했다. 1979년까지 해마다 수출 증가율 40%를 기록하는 '한강의 기적'이란 불멸의 드라마를 만들어 낸다. 그 결과 2012년 현재 5대 주력 수출품은 자동차, 조선, 석유화학, 반도체, 휴대폰으로 재편되었다.

박정희는 떠났다. 하지만 경부고속도로, 제철, 조선, 자동차, 전자, 석유화학, 반도체, 울산·창원공업단지, 건설, 종합상사, 국방과학연구소, KIST, 대덕연구단지 등 박정희 시대에 구축한 산업인프라들이 없었다면 과연 무엇이 가능했겠는가. 오늘 한국이 세계경제 10대 강국으로 부상한 배경임을 누가 감히 부정하랴!

1979년 10·26 직후 계엄사 합동수사본부장으로 청와대를 접수한 실권자 전두환의 눈에 띈 빨간 벽돌. 그는 박 대통령이 화장실 변기 수조에 벽돌 한 장을 넣어두고 물까지 아꼈던 근검정신을 목격하고도 실천하지 못함으로써 불행한 대통령으로 전락하고 말았다. 청와대 화장실에서 얻은 검약한 교훈을 잊은 결과가 바로 수천 억대의 비자금을 조성하는 비리의 주범이 되었던 것이다.

누구든지 아무리 국면이 어렵더라도 박 대통령을 비판하면 얻는 것보다 잃을 게 더 많았다. 노무현이 임기 내내 겪어야했던 리더십 위기는, 박정희시대를 비판하면서 결코 그를 넘어서지 못했던 한계에도 있었다. 뒤늦게 그 딸인 박근혜에게 연정을 제의하며 거절당한 후 비로소 자신의 정체성을 깨달았지만 이미 돌이킬 수 없었다. 때문에 역대 정권에서 아무리 박정희 격하 운동을 하더라도 결국 소용이 없었다.

오히려 대선 때가 되면 과연 어느 후보가 박정희만큼 잘할 수 있는가가 선택기준이 되었다. 그게 자신 없으면 카리스마 있는 외모라도 닮아야 선거에 유리했다. 이인제와 이명박이 그랬다. 2007년 여름, 경선 후보 박근혜를 염두에 두고 MB가 기자간담회 도중에 한 발언. "젊었을 때부터 박정희 전 대통령과 닮았다는 소리를 많이 들었다."는 자랑 아닌 자랑이었다. 임기 동안 닮은 구석보다는 욕먹을 일이 더 많았는데도, "도덕적으로 완벽한 정권"이라는 자화자찬을 하며 부끄러운 줄 몰랐다.

'1%의 기득권자들과 99% 서민의 대결'이란 터무니없는 구호로 정치를 몰고 가는 야당의 선동에 동조하는 계층이 늘어나고 있다. 반복되는 저축은행 퇴출사건처럼 공무원들과 합작한 기득권의 부정부패가 참으로 기발하기 때문에 정부를 불신하게 된 것이다. 그러면 대체 한국의 부패지수는 어느 정도일까? 2012년 현재 경제협력개발기구OECD 34개 회원국 중 27위. 국제투명성기구 조사에선 183개국 가운데 43위라고 한다.

그뿐인가. 자살은 중·고등학생 사망원인 1위, 20대 사망원인 44.6%로 OECD 국가 중 1위다. 한가한 펜션을 구해서 번개탄을 피우고 동반자살 할 희망자를 구하는 나약한 젊은이들. 반세기 전 피 끓는 청년장교들이 나라를 구하고자 일어섰을 때는 서류파일에 들어있지도 않았던 상상하지 못한 일이 일어나고 있다. 부패한 정치보다 피폐한 정신혁명이 더 시급한 문제다.

서울대 김난도 교수가 펴낸 책 『아프니까 청춘이다』는 지난 2010년 12월 첫 출간 이후 국내에서 근 180만 부가 팔렸다고 한다. 그리고 중국에 이어 일본, 태국, 대만, 이탈리아, 네덜란드, 브라질에서도 번역서가 출간될 정도다. 이제 모든 대륙의 많은 청춘들은 '할 수 있다'는 도전정신과 역사적 사명감 같은 것을 갖기보다, 작은 일에 위로 받기를 원하는 나약한 삶을 원하고 있다.

등소평이 수입한 박정희모델

어느 네티즌이, 전기장판을 제조 판매하는 55세의 한 사업가가 중국 바이어와 상담 도중에 귀싸대기를 얻어맞았다는 일화를 인터넷에 올린 적이 있었다. 그는 바이어와의 술자리에서, 노무현 정권 시절이라 별 생각 없이 과거사를 얘기하며 박정희 대통령 시대의 정치를 비방하였다고 한다. 그런데 듣고 있던 중국 바이어의 표정이 좋지 않았다고 느낀 순간, 벌떡 일어난 바이어에 의해 귀싸대기를 맞게 된다.

어이없는 표정으로 왜 그러느냐고 묻자, "너희는 5천 년을 이어온 가난과 굶주림을 물리쳐준 은인을 너희 손으로 죽인 배은망덕한 민족이 아닌가. 은혜도 모르는 인간들이 무엇이 잘났다고 큰소리냐?"고 호통을 쳤다. 그 말을 듣고 너무나 부끄러워 얼굴을 들 수 없었다고 한다. 박대통령이 철저한 반공주의자였기에 공산당 지배의 중국 인민에게도 원수처럼 대접받는 줄 알았다. 하지만 개방을 선택한 등소평의 결단에 의해 이미 박정희는 중국 지도자들은 물론 전 인민들의 영웅이 되어 있었다는 사실을 몰랐던 것이다.

최장기 청와대 비서실장을 역임했던 김정렴(박정희대통령기념사업회 회장)이 80대 후반의 고령에도 불구하고 '박정희 알리기'에 몰두하는 이유다. 그는 박 대통령 집권 18년 6개월 가운데 무려 16년 동안 차관 이상 고위 공직을 지냈다. 재무부와 상공부 장차관을 거쳐 9년 2개월(1969년 10월~1978년 12월) 동안 비서실장으로 일했다. 박 대통령을 가장 잘 아는 인물이기에, 박정희 사후 1983년부터 회고록 집필에 몰두할 수 있었다.

　마침내 7년만인 1990년『한국경제정책 30년사』를 출간하고, 다시 7년이 지난 1997년에『아, 박정희』란 회고록을 내놓았다. 일본어·영어 회고록과 중국어·영어 번역본으로 박정희를 알렸고, 세계은행에서 출간한 영문 회고록은 개도국의 경제 관료들이 숙독하는 필독서가 됐다. 박정희에게 혁명이 유일한 돌파구였다면, 김정렴 회장에겐 30년 동안 그 혁명 뒤의 숨은 얘기를 세계에 알리는 사명이 남겨진 것이다.

박 대통령의
혜안과 의지

1965년 5월 18일 공동성명을 발표하는 존슨 대통령과 박정희 대통령

[1]

KIST 설립의 결정적인 계기는 1965년 5월의 박 대통령 방미일정이었다. 당시 존슨 미대통령이 월남 파병에 대한 보답으로 한국군의 현대화와 경제원조를 해 줄 의도로 공식 초청한 것이다. 그때 공동성명 마지막 문안 12항에 '한국과학기술연구소 설립에 관한 내용'이 들어가게 되었다고 한다.

"박 대통령은 한국의 공업기술 및 응용과학 연구소를 설치하는 가능성을 한국의 공업 과학 및 교육계 지도자들과 더불어 검토케 하기 위하여 그의 과학 고문을 한국에 파견하겠다는 존슨 대통령의 제의를 환영하였다."는 짤막한 이 언급.

결국 박 대통령 요청으로 한·미 공동으로 연구소를 설립한다는 문안이 들어갔지만, 구체적인 방안은 정해진 것은 없었다. 하지만 다음 해인 1966년 한국과학기술연구원KIST이 설립되었고, 이미 KIST 연구원들의 봉급이 너무 많다고 문제를 제기하는 사태로까지 일은 급진전되고 있었다.

초대 KIST소장 최형섭 박사가 연구원들의 봉급표를 보여주자, 박 대통령은 "과연 나보다도 봉급이 많은 사람이 수두룩하군." 하면서 그대로 집행하도록 했다. KIST 연구원들의 봉급은 국립대학 교수의 세배나 되었다. 그런 식으로 '개발도상국가의 과학기술은 국가 원수의 관심이 있어야 가능하다'는 사실을 증명한 과학대통령.

그는 KIST에 도입된 최신 컴퓨터를 보며 관계자들을 격려하기 위해 매월 한번 꼴로 연구소를 방문했다. 이후의 대통령들이 기자들을 거느리고 재래시장에 방문하며 떡볶이나 튀김을 사먹는 게 마치 서민경제를 생각하는 것처럼 보여주는 것과 비교되지 않는가? 대통령의 생각과 발길이 어떤 곳에 미치는가에 따라 한나라의 운명이 달라지기도 한다.

[2]

1964년 12월 서독방문 길에 속도무제한 고속도로인 '아우토반'을 본 대통령 박정희의 눈. 제2차 경제개발계획(1967~1971) 추진의 가장 큰 공사는 경부고속도로였고, 그는 수시로 축소지도를 들고 헬기로 경부 간 예상도로축 최적노선을 체크하였다.

1964년 12월 7일 서독 대통령 뤼브케와 박정희 대통령

　공사가 시작도 하기 전에 정치권의 격렬한 반대에 부딪혔고, IBRD차
관 지원은 조사단에 의해 "한국 실정에 고속도로는 불필요하며, 당분간
기존 도로만으로 충분하다."는 결론이 내린 상태로 부정적이었다. 그
러나 민족의 미래를 위한 거사로 생각하여 결코 흔들리지 않았다. 마침
1967년 대통령선거 과정에서 경부고속도로는 박 대통령의 제1 선거공
약사업으로 부각된다. 때문에 경부간 4차선 총공사비 4백3십억 원으로
1970년 7월까지 개통하라는 구체적 일정의 특명이 내려지고, 군장비
를 포함한 전국의 건설장비와 건설인력이 총동원되었다.

　전체 공사구간에서 77명의 젊은이들이 희생된 불행한 사실을 잊지
않고 후세에 전할 의도로 7월 7일로 준공식이 연기되어 개통된 경부고
속도로. 박정희는 그런 감성과 의지로 경부물류의 수출동맥을 완성시
켰다. 그가 독일에서 아우토반을 밟은 지 꼭 6년 만에, 순수 우리 기술
에 의해 최단기로 건설하여 세계 토목사의 대기록으로 남은 것이다.

1970년 4월 1일 허허벌판의 포철1기 착공식. 박태준 사장, 박정희 대통령, 김학렬 부총리

[3]

1965년 당시 48세의 박정희 대통령. 그는 방미 5일째 되는 5월 22일 아침 일찍 피츠버그의 '존스 앤드 로린' 철강회사를 방문해서, 군정 시절부터 꿈꾸던 종합제철공장을 부러운 표정으로 돌아보았다. 국가지도자의 외국방문 일정이 한 국가의 미래에 어떤 동기부여를 했던가를 알 수 있는 생생한 사례다.

1967년 9월에 영국 출장길의 박태준에게 그 막중한 임무가 맡겨지고, 보상받은 대일청구권 자금을 전용해서라도 건설토록 하라는 밀령을 내렸다. 그러나 1968년 11월 IBRD조사단은 '한국경제 동향보고서'에서 "한국은 종합제철을 건설하기보다 기계공업을 발전시키는 것이 우선순위에 맞다."고 포항제철 건설비용에 대한 한국의 차관도입을 거부했다.

하지만 의지가 있으면 길은 열리는 법. 우여곡절 끝에 39명의 창설요원만을 데리고 1970년 4월 들어 영일만 백사장에서 포철의 신화는 시작된다. 착공 이래 3년 3개월간, 기술도 자본도 없는 상태에서 선진국의 비웃음을 받으며 오직 박대통령 혼자만 그 가능성을 보았던 것이다.

방미 길에 미국 제철소를 시찰한 지 꼭 7년여 만인, 1973년 6월9일 오전 우리 손으로 만든 최초의 제철 고로에서 선홍색의 뜨거운 쇳물이 흘러나왔다. 근대화의 피눈물이 담긴 쇳물.

그리고 다시 20년이 지난 후 1992년 10월 3일 박태준은 국립현충원 박정희의 묘소를 찾아 사후보고서를 읽고 있었다.

"터무니없는 모략과 질시와 수모를 받으면서 그대로 쓰러져 버리고 싶었던 때도 있었습니다. 그때마다 저를 일으켜 세운 것은 '철강은 국력'이라는 각하의 불같은 집념, 그리고 13차례나 건설현장을 찾아주신 지극한 관심과 격려였다는 것을 감히 말씀드립니다." 세계최고의 경쟁력을 가진 제철소를 갖기까지는, 순전히 박정희와 박태준 두 사나이의 강철 같은 의지가 있었기 때문이다.

믿고 의지한 동지이자 부하였던 박태준 한 사람의 역량이 곧 포철 史의 전부가 되었다. 대통령의 사람 보는 안목에 따라 역사는 위대한 족적을 남기기도 한다. 철인 박태준 역시 2011년 12월 13일 박 대통령의 곁으로 떠나고 없는 지금, 우리는 대선 앞에서 이름만 난무하고 검증이 안 된 대통령감 찾기에 다들 목말라하고 있지는 않은가.

꽃과 정치

°서울신문 [시론] 2012. 3. 2

당당하게 선 화환들에 달린 이름표. 이를 보며 흐뭇해하는 표정들은 예식장 앞이나 출마 후보자의 선거사무실 개소식이나 다를 바 없다. 어전에서 머리 조아린 중신들처럼 서열 따라 세우는 줄. 그 순서가 제대로 되었는지 확인하는 것이 곧 한국 정치다. 주인도, 객도 후일을 위해서 대리 참석한 화환의 직책과 성명을 꼭 입력해 둘 필요가 있다.

당사자는 모르는데 제 돈으로 주문해 앞줄로 모신 실세의 화환이 있는가 하면, 이름 띠를 일일이 풀어서 별실에다 전시해 두는 정성도 보인다. 그런 사람들로부터 인정받고 있다는 뿌듯함으로 중독된 정치. 그것도 부족해서 주머니에 꽂아주는 꽃 한 송이. 알량한 그 꽃이 곧 귀하신 신분의 비표秘標다.

단상의 정치인들 가슴에 꽃이 안 보이면 그는 그 행사장에 굳이 가지 않았어도 될 존재였다. 박수와 꽃다발에 유독 약한 군상들. 호명 순서가 밀리면 무시당했다고 생각하기에 사회자는 긴장되고 행사는 지루하다. 한정된 시간만 개화하고 어김없이 고개 숙이는 꽃. 뻣뻣한 목에 힘이 빠질 때쯤 퇴장해야 하는 정치판. 계절 따라 꽃이 지듯이 세월 따라 명성도 지나니, 그렇게 꽃과 정치인은 지는 사이클이 같다.

'살아서 돌아오라'고 주는 출정 길의 꽃다발과 생환을 축하한다고 가슴에 안기는 결전 후의 꽃다발. 조상의 이름과 선산을 팔고, 학력과 경력을 세탁하여 가족을 거리로 내몰고 치른 승전식의 인증 샷. 그 필수 액세서리의 대미가 바로 중앙당 현황판의 '당선 확정' 꽃 한 송이다. 선거는 입문에서 퇴장까지 꽃으로 시작하고 꽃으로 끝나는 셈이다.

알고 보면 꽃이나 정치나 다 바람이 키운 산물로, 꽃이 영원히 사랑받는 것은 긴 시간 숨었다가 잠시 얼굴을 보여주기 때문이다. 어느 날한 줄기 바람에 흩날리며 사라지는 꽃의 일생이 무상한 정치 인생과 닮았다. 늘 피어 있는 꽃이 눈길을 끌 수 없듯이 정치도 일상이 되면 관객들이 외면하는 지친 굿판이나 다름없다.

웅크림이 오랠수록 도약은 높고 침묵은 웅변보다 강하고 잠적이 노출보다 심각한 뉴스감인데, 정작 그걸 제대로 알고 활용하는 정치인은 드물다. 소수가 선택되고 다수가 물갈이되며 받는 상처. 검증받으면서덧나는 숨기고 싶었던 흔적들. 이 모든 것들이 한바탕 바람으로 딱지가되어 아무는 날까지 생소한 애송이와 노회한 원로들이 벌일 숙명의 땅따먹기. 다들 정치에 발목 잡힌 인연으로 인해 서로 상처를 주고받는영혼들이다.

한 정당의 환골탈태 과정은 결국 오래 기여해 왔던 낯익은 동지들에 대한 구조조정이니 무대를 내려오면서 어찌 회한과 상처가 없으랴. '흔들리지 않고 피는 꽃이 어디 있으랴'는 도종환의 시처럼 흔들리지 않고 하는 정치는 처음부터 불가능하다. 몸을 담은 배가 흔들리기 시작하면 기세등등하게 앞자리에 진열됐던 간판 상품도 어느 순간 재고로 전락하여 뱃전으로 추락한다. 그나마 온전하게 성명을 보전하고 스스로 물러나는 것도 영광이다.

포토라인에서 '기억에 없다'거나 '할 말이 없다'로 마무리되는 실세정치의 공식. 언제나 '어느 선까지 불 것인가'란 문제만 남는다. "오늘 이후 나는 당신을 알지 못한다. 우린 일면식도 없는 사이다. 그러니 당신도 나를 모른 체하라."는 비정의 정치. 공천이 칼자루였던 구시대는 가고 그걸 쇄신의 기회로 삼아야 한다는 당위성이 점점 고조되고 있다. 이만큼 진행되는 변화도 실은 놀라운데 더 큰 개혁을 요구하는 여론에 눈치 보며 끌려가야 하는 수동의 정치.

그래서 권력은 시장에 넘어간 지 오래다. 보고 싶은 사람들이 많아졌다고 강제로 꽃을 피우려 든다면 결국엔……. 갈수록 여의도는 뜨거워지고 상처받은 영혼은 늘어날 것이다. 불판처럼 달아오르다가 이내 식을 그 혼돈의 현장으로 불나방처럼 뛰어드는 용감한 신인들. 상처받지 않고 정치하겠다는 것은 가랑이 젖지 않고 맨발로 강을 건너겠다는 것. 시인 엘리엇이 말한 '가장 잔인한 달 4월'은 이미 강 건너 언덕에서 기다리고 있다.

색깔 있는 꼼수 심판

서울신문 [시론] 2012. 4. 10

여당이 빨간색을 심벌 컬러로 선택하기까지 꽤 고심했을 것이다. 가장 눈에 띄는 그 색깔을 여당이 채택하게 된 아이러니는, 행여 색깔 논쟁에 휘말릴까 봐 지레 겁먹은 야당의 소심함 때문이었다. 2002년 봄 서울 대학로 가로수의 앙상한 가지들에 노란 풍선과 리본들이 포도송이처럼 매달릴 때, 보통 사람들은 그 정치적 전조를 제대로 알지 못했다.

그렇게 10년이 지난 지금 하늘에선 황사가, 지상에선 노란 개나리꽃들이 보인다. 총선 기간에 유난히 눈에 띄었던 빨갛고 노란 두 정당의 색깔. 그 점퍼 무리를 보고 정가의 봄소식을 기대하면 오산이다.

문득 한쪽은 '새빨간 거짓말'을, 한쪽은 '싹수가 노란 거짓말'을 양산했던 것은 아닌지라는 생각을 해본다. 유권자는 누가 더 '효과적인 거짓말'의 주인공인지 흑백을 가릴 배심원단이다. 출발지는 '혹시'란 역이었으나 종착지는 늘 '역시'란 역에 도착했던 아픈 기억을 상기해야 할 때가 왔다.

다행히 제주 해군기지 건설을 둘러싼 공방으로 색깔 논쟁이 있었을 뿐, 후반 들어서는 후보들의 신상 까발리기와 비리로 도배되는 네거티브 선거가 되고 말았다. 정책 선거는 진작 물 건너갔고 시청 앞 광장과 광화문 광장에서 벌어지는 젊은 집회들도 얼마만큼 투표율을 견인할지 누구도 자신있게 예측할 수 없다. 하지만 투표를 통해 뭔가는 바꿔져야 한다는 메시지만은 이곳에서도 분명히 던져주고 있다. 혼탁한 선거 과정을 겪으면서 판이 바뀌고 있는 것이다.

또 하나, 민간인 불법사찰 건은 불법사찰보다 그 은폐 과정이 더 큰 이슈로 부각되고 있다. 몸통이 불법사찰이고, 은폐는 꼬리에 불과한데 오히려 꼬리가 몸통을 흔들고 있는 격이다. 누가 몸통이고 어떻게 뒷걸음 수사를 했는지 밝혀지지 않았을 뿐 국민은 다들 짐작한다. 오히려 감추려고 할수록 의혹은 확산될 수밖에 없는 전형적인 정치적 사건이다. '수사가 진행 중이니 수사 결과를 지켜보겠다'고 하는 게 국민을 향한 최소한의 예의다. 그런데 사안에 떼밀려서 변명하다 명예만 실추시킨 감이 있다. 총선의 호·악재 여부를 떠나서 피해자들에게 사죄해야 할 곳에서 반박 성명을 내며 프레임에 말려 들어갔다.

총선 여론을 호도하기 위해 일단 터뜨리고 본 야당의 무차별 기자회견도 언론을 여론 왜곡에 악용한 비겁한 사례다. 때론 뻔한 거짓말을 들고 회견을 자청하는 자들, 이들의 말은 대개 폭로가 아니면 의혹을 해명하기 위한 이벤트다. 자신이나 정당의 인지도를 높일 목적과 더 이상 확전을 막기 위한 계획된 쇼이다. 이 모든 쇼의 끝은 언제나 흥행 여부로 귀결된다. 뜨든지 가라앉든지. 어떤 면에서 보면 유권자들만 농락당하는 셈이다. 꼼수의 일차적 징표가 거짓말인데 제대로 검증도 못한 채 총선 유세는 끝나간다.

'꼼수' 하면 생각나는 곳? 이런 질문으로 여론조사를 한번 해보면 어떨까. 당연히 정치권과 민간인 사찰에 연관된 곳이 상위권에 들 가능성이 크다. 여론 조작의 꼼수, 수사 조율의 꼼수, 몸통 기자회견의 꼼수 등 꼼수 전성시대를 살고 있다.

지역에 살아본 적도 없는 인물을 전략 공천으로 내보내는 정치권의 관행도 낙하산을 매단 꼼수다. 고인을 배려한 미망인 공천, 아버지가 물려준 2세 공천, 감옥에서 추천한 대리인 공천도 그렇다. 일부 지역에서의 특정 후보 공천 대신 그 후보가 당선된 후 영입하겠다는 속셈도 영악한 꼼수에 불과하다. 이미 몇몇 후보는 설사 당선되더라도 씻을 수 없는 불명예와 빈축을 대가로 받은 상태다.

다시 '개혁 무풍지대'란 눈총을 받으며 기로에 선 검찰. 애초 그들이 자초한 부실수사 때문에 빚어진 일로 그걸 다시 검찰에서 수사를 하니 '고양이에게 생선을 맡기는 격'이란 비난 여론에서 자유롭지 못하다. 검찰의 재수사는 그 자유를 찾기 위한 여정이다. 두 번 만나는 비린 생선과 고양이의 내키지 않은 대면 기회를 검찰이 재차 놓쳐서는 안 된다. 두 정권에 걸쳐 도덕성이 걸린 정치사건이다.

아프리카의
새마을운동

Saemaul.com 칼럼 2012. 3. 22

중국이 개혁·개방을 할 초기. 일본의 제철산업을 둘러본 덩샤오핑이 "중국도 한국의 포항제철 같은 제철소를 갖고 싶다."고 했다가, 신일본 제철 이나야마 요시히로 회장으로부터 "중국에 박태준 같은 인물이 없어 안 된다."는 말을 들었다. 지금 아프리카 대륙이 한국의 새마을운동을 도입·정착시키는 과정에서 첫 번째 부딪치는 문제도 비슷할 것이다. 개별 국가차원에서 그걸 끌고 갈 강력한 신념을 가진 지도자가 없다는 점이 걸린다.

시범마을을 만들어 사업모델을 정해주고 노하우를 전수해 주더라도 지도자가 신념이 없으면 선도모델을 만들 수 없다. 경상북도 청도군에서 시작되었던 새마을 시범마을이 외지 방문객들의 관심을 받는 이유다.

2003년 추석연휴에 한반도 남부를 강타했던 태풍 '매미'는 순간풍속이 초속60m 넘는 메가톤급이었다. 10여m 높이 해일이 거제 지역 해변을 초토화시켜 사망·실종자만 1백여 명이 넘었고, 무려 2만 4천명 넘는 이재민을 남겼다.

수천 채의 가옥이 대파되고 계류 중인 선박 대부분이 파괴되던 그날 밤. 일부 주민들은 살기 위해서 20m 넘는 절벽을 맨손으로 기어올랐다. 그런데 해일이 마을을 덮치기 직전, 피신하지 않고 본능적으로 바다로 나갔던 용감한 노인 한 명의 실화.

기적처럼 돌아온 노인은 그날 밤 흔들리는 뱃속에서 키를 잡고 사투를 벌이느라 남아있던 이빨이 다 빠졌다고 했다.

대부분 젊은이들이 살아남기 위해 높은 산을 택한 시간에 고독하게 배를 몰았던 선장의 경륜. 그것은 새마을운동 1세대들의 헌신적인 삶을 생각하게 한다. 이를 악물고 살아남은 자의 의지. '반드시 살아서 돌아올 수 있다'는 확신을 갖고 바다를 향해 나갔던 신념처럼, 초기 새마을 지도자들 역시 '우리도 잘 살 수 있다'는 의지로 기적을 만들었던 신념이 있었다. 국가기념일로 제정한 새마을운동은 그렇게 이룬 '대한민국성공스토리'에 대해 정부가 바치는 작은 꽃다발이다.

30~40대 청춘으로 새마을운동에 나섰던 42년 전의 젊은 지도자들은 어느새 70~80대가 되었다. 안으로는 세대교체를 하며 그들의 육성을 통해 지난 시대의 고난과 영광을 기록해야 하고, 밖으로는 우리가 해냈던 가난극복의 여정을 생생하게 동남아시아와 아프리카 저개발국

들에게 전수하는 데 정부와 새마을중앙회가 좀 더 공을 들일 필요가 있다. 2010년부터 아프리카 4개국의 절대빈곤 퇴치를 위해 10개 마을에 52명의 봉사단을 파견한 바 있는 경상북도의 3년차 성과도 실은 궁금하다.

현지실정에 맞는 사업 시행으로 소득증대와 자립의지를 고취시키고, 시범마을 조성으로 그 성과를 확대 보급시키는 중이라고 하지만 지속 가능한 사업인지는 수시로 현장점검을 통해 판단할 수밖에 없다. 에티오피아의 새마을 세계화사업. 그 현장을 확인하고 지속발전 가능성을 모색함으로써, 한국의 경제발전 경험을 국제사회와 공유하는 것이다.

아프리카의 새마을운동은 '아프리카의 일자리' 창출사업이지만, 한편 새마을운동을 국가브랜드로 키우는 '글로벌한류작업'을 경상북도가 일조하는 일이기도 하다. 더불어 아프리카에도 나무를 심듯이 '과학마인드'를 심을 필요가 있다.

새마을운동 정신에서 보면 여·야를 막론하고 복지예산에 집착하는 공약은 과잉서비스다. 복지란 현재 눈앞에 매달린 열매를 따 먹는 일이다. 정치는 '오늘 저 열매를 따 먹을 것인가, 아니면 내일을 위해 다른 나무를 더 심어 키울 것인가'의 선택이라고 할 수 있다. 열매를 따는 일자리보다는 나무를 심고 키우는 일자리가 더 많다. 오늘 생색을 내는 일이라서 당장은 박수를 받지만 내일이면 따 먹을 게 없다.

반면 과학기술은 내일을 위해 뿌리를 키우는 일이기에 당장 보이진 않지만 미래가 있다. 제 발로 일어서고 걸을 때까지 지속적으로 최고 지도자의 사랑과 관심이 필요하다. 박정희 대통령이 KIST를 설립하며 부지선정과 함께 수시로 공사현장을 찾아 독려할 때가 새마을운동 전이다.

　이후 1973년 2월 과학기술처에 보냈던 박 대통령의 친필휘호. 그건 '전 국민의 과학화'란 일곱 자였다. 새마을운동과 과학은 언뜻 생각하면 어울릴 것 같지 않은 조합이나 실은 같은 시기의 시대정신이었던 것이다.

식당에서 당당한
새마을깃발

Saemaul.com 칼럼 2012. 6. 21

새마을운동을 야심차게 추진했던 공화당은 민정당에서 민자당, 신한국
당, 한나라당, 새누리당으로 다섯 차례나 이름이 바뀌었다. 그런데 '새
마을'이란 이름만은 40여 년이 넘게 원래의 깃발과 함께 그대로 전승되
고 있다. 오히려 그 이름은 여러 방면에서 변용되고 있으니, MB가 서
울시장 시절에 추진했던 '뉴타운Newtown사업'이 바로 새마을을 영어로
옮긴 경우다. 여당의 당명 '새누리'란 이름 역시 새마을과 뜻이 다를 바
없다.

그중에 젊은이들에게 가장 성공적으로 새마을이란 브랜드를 홍보하
고 있는 분야가 음식업종이라면 조금은 의아할 것이다. 실제로 웬만한
도시의 번화가를 둘러보면 쉽게 '새마을식당'이란 대형 간판을 보게 된
다. 어디든 비슷하게 추억을 판다는 느낌이 들도록 소박한 복장과 인테

리어로 복고마케팅을 하고 있다. 메뉴도 조촐하게 김치찌개를 대표로 돼지불고기 등 10가지뿐이다. 2002년 가을 서울 강남구 논현동에 '새 마을식당'이란 다소 촌스러운 이름의 간판이 내걸리고 10년 만에 이룬 '식당새마을사업의 전국화'가 성공한 사례다.

2012년 여름 현재 전국에서 영업 중이거나 개업 준비 중인 새마을식 당은 근 200여 개에 이른다고 한다. 본사 홈페이지를 보면, 브랜드 컨 셉이 '직장인에게 부담 없는 편안한 분위기의 선술집개념 음식점'(70년 대 새마을운동의 향수를 불러일으킬 수 있는 음식점)으로 명시되어 있다. 소득수 준이 높아지면서 음식점들이 대부분 웰빙과 고급화로 인테리어를 하는 추세에서 거꾸로 향수와 복고를 선택한 것도 하나의 도전이었다.

옛날 버스종점 부근에서 흔히 볼 수 있었던 식당처럼, 열탄을 피울 수 있는 동그란 식탁과 등받이가 없는 이동식 의자가 전부다. 남녀노소 가 한 공간에 자리해도 전혀 거부감이 없고 젊은이들에겐 5천 원에서 1만 원 이하로 구성된 가격대가 부담이 없어 무엇보다도 좋다. 그렇게 소문이 나서 어느새 전국 곳곳에 새마을 깃발이 휘날리고 있다.

창업주 백종원(46)은 프랜차이즈 브랜드를 7개나 창업한 음식업계의 유명한 인사다. 그는 짜장면 없는 중식당을 생각하고 1994년 '(주)더본 코리아the born Korea'란 외식사업을 시작했다. 짬뽕과 탕수육 두 가지 메 뉴를 주축으로 '홍콩반점0410'을 만들어서 성공신화를 만들었다.

영업방침은 간단했다. 우선 메뉴를 단순화시켜서 재료의 손실을 최대한 줄여 마진을 확보하는 방식이다. 늘어난 마진이 양질의 재료 구입비로 지출되니 원래의 맛을 유지할 수 있게 된다. 그 맛을 보게 된 고객이 다시 가게를 찾고 점점 입소문이 퍼지는 선순환구조로, '한신포차'란 브랜드도 그가 만든 브랜드다. 그렇게 해서 2005년에는 중국 칭다오에 진출하고 2008년에는 미국에다 깃발을 꽂고 한국적 메뉴를 본격적으로 글로벌화 했다.

그러면 왜 하필 상호를 새마을식당이라고 지었을까? 철도청에선 새마을열차마저도 KTX에 밀려 2류로 취급되고 있는 마당에. 그 흔한 가든이나 레스토랑 대신 '식당'이란 이름을 고집한 것은 일반적인 흐름과 역행한 작명으로 보인다. 단순한 분식집이나 김밥집도 식당이란 이름을 기피하는데 보란 듯이 1970년대 새마을운동의 활기를 실내 분위기에 살려내서 오래된 새마을 브랜드에다 생명을 불어넣었던 것이다.

새마을 깃발의 초록과 노랑이란 단순한 색감도 그대로 앞치마에 사용한다. 종업원들이 분주하게 좌석을 돌아다니면서 미리 밑반찬을 챙겨줌으로써, 근면과 자조의 정신을 서비스업에 제대로 실천하고 있다. 딱 7분간만 끓여서 최상의 김치찌개 맛을 유지하기 위해 테이블마다 타이머를 매달아 놓은 것도 이색적인 과학마케팅이다. 양은 냄비에 담긴 김치찌개 맛을 보려고 어느 대학가에서는 점심이나 저녁시간에 번호표를 들고 줄줄이 기다리기를 마다하지 않는다.

메뉴의 60%는 주인이 직접 조리할 수 있는 수준을 요구해서, 편하게 프랜차이즈 본부가 제공하는 영업지원에만 안주할 수 없도록 만든 것도 특색이다. 결국 성공의 비결은 새마을정신을 되살린 데 있었다. '그들은 지난 4월 22일 '새마을의 날'국가기념일을 기념하여, 새마을운동중앙회와 함께 대표메뉴인 8천 원짜리 '열탄불고기'를 할인제공하는 '반값이벤트'도 벌였다.

　'百聞이 不如一食'이라고 했다. 아직까지 새마을식당에 가보지 않은 새마을가족들은 직장이나 동네 가까운 '새마을식당'을 꼭 한번 찾아가 보면 좋으리. 결코 실망하지 않는 추억을 맛으로, 또 눈으로도 경험할 것이다.

한류는
'대한민국 성공스토리'

– 『난중일기』 · 〈새마을운동 기록물〉 세계기록유산 신청 –

10대 무역 강국이 된 오늘의 대한민국이 있기까지, '잘 살아보자'는 한 맺힌 염원에 불을 붙인 강력한 지도자의 리더십이 있었다. 17만 새마을지도자와 190만 새마을 가족들이 일궈낸 '대한민국성공스토리'는, 1970년 초 '우리도 할 수 있다'는 작은 가능성에서 우리 힘으로 시작된 것이다.

생존 지도자들 증언 영상기록화 해야

2011년 4월 22일 국가기념일 제정은 새마을운동에 헌신했던 1세대 새마을 지도자들의 희생에 대해 정부가 바치는 작은 꽃다발이었다. 그러나 30~40대로 새마을운동에 나섰던 1970년대 청년 지도자들은 지금

70~80대가 된다. 세대교체를 앞두고 새마을 1세대들이 이룬 고난과 영광을 기록하고, 역동적인 새마을운동 세계화를 위해 지속가능한 동력이 될 성공스토리의 영상화작업이 시급하다.

한 언론사의 여론조사에 의하면 **[대한민국 정부수립 후 국가 발전에 영향을 준 정책] 1위에 '새마을운동'**이 선정됐고 새마을운동이 국민의 살림살이 개선에 기여했다는 응답도 80%를 넘었다.

1970년 4월 22일 전국지방장관회의에서 처음 새마을운동 구상을 밝힌 박정희 대통령. 당시 우리나라는 전쟁 후유증과 건국후의 극심한 혼란, 남북간 군사적 대립, 기아와 질병, 생활고 등으로 인해 무상원조에 의존하는 후진국이었다.

농촌 마을마다 시멘트 335포를 무상 배포하면서 시작된 새마을운동 사업은 국민들이 다시 일어설 수 있는 기회와 가능성을 안겨주었고 '살기 좋은 내 마을을 우리 힘으로 되살리는' 희망의 불씨가 되었다. 전쟁의 폐허를 딛고 싹튼 새마을운동 정신은 오늘날 세계 경제 순위 10위권에 드는 경제대국으로 성장하는 모태가 된 것이다.

새마을운동 40주년을 맞은 2011년, '새마을의 날'이 법정 국가기념일로 제정됐다. 이에 앞서 국가와 지방자치단계가 새마을의 날에 적합한 사업을 실시하는 '새마을운동조직 육성법'이 국회를 통과했고, 현재 새마을운동중앙회를 중심으로 **'New새마을운동'**이 전개되고 있다.

'근면 · 자조 · 협동'이란 기존의 새마을정신에 '변화 · 도전 · 창조' 정신을 가미한 'New새마을운동'은 그린코리아 · 스마트코리아 · 해피코리아 · 글로벌코리아 등 21세기에 맞는 형태로 리모델링되는 과정이다.

새마을운동은 'K-POP'을 이끈 한류의 원조

또한 지난 2011년 10월 24일 문화재청 세계유산분과위원회는 『난중일기』와 함께 〈새마을운동 기록물〉을 세계기록유산 신청 대상으로 결정했다. 새마을운동의 역사가 담긴 기록물의 중요성을 되새기고 세계에 알려 그 우수성을 입증받기 위한 노력으로, 2013년 6월 유네스코 세계기록 유산 등재 최종결정을 남겨두고 있다.

새마을운동은 K-POP이 이끄는 한류의 원조로서 세계에 가장 많이 수출된 대한민국의 문화브랜드는 다름 아닌 '새마을운동'이다. 저개발국의 이상적인 롤 모델로 자리 잡으며 2011년 말까지 103개국 5만여 명이 새마을교육을 받았고, 전 세계 10여 개 국가 19개 지역에서 새마을 시범마을이 운영되고 있다. 지금도 몽골, 네팔 등 20개국 이상 관계자들이 집중화, 다양화된 프로그램으로 새마을교육을 받고 있다.

지역 개발의 성공모델인 새마을운동은 구시대의 사건이 아닌 현재진행형으로, 국가자산이자 국가 브랜드로 전승되었다. 새마을운동은 더 이상 과거의 유산이 아닌 것이다.

어느 병장의
재도전

「시정일보」 특별기고 2012. 4. 5

무신불립無信不立이라 했다. 어떤 조직이 부패하고 흔들리는 것은 그 내부의 신뢰라는 기둥에 금이 간 지 오래기 때문이다. 시스템을 교체하고 사람을 바꾸는 개혁은 때를 놓치면 안 된다. 한번 선택을 잘못하면 3년을 기다려야 하는 선거는 더 말할 필요가 없다. 〈대한민국 재향군인회〉는 850만 명이 넘는 회원에 정회원이 120만 명이나 되는 큰 조직이다. 그 방대한 숫자의 존립기반이 사병출신들임을 우린 잊고 있었던 것은 아닐까.

'안보가 바로 서야 나라가 바로 선다'는 슬로건과 '젊고 힘 있는 선진 향군'이란 구호가 선명한 재향군인회 홈페이지. 그럼에도 불구하고 향군이 과연 나라를 위해 그런 일을 할 만한 젊은 역량과 선진적인 사고를 갖고 있을까? 아쉽게도 대다수 사병출신 예비역들은 재향군인회가 예전부터 고급장교들이 이권 사업을 하는 관변 단체의 하나쯤으로 알고 있을 뿐이다. 그들에게 재향군인회가 바로 자신들이 주인인 조직이라는 사실을 알려줘야 할 때가 왔다.

다행히 사병출신으로 유일하게 대한민국 재향군인회장에 두 번째 도전한 김병관 전 서울시재향군인회장으로 인해 인식의 대전환을 하게 된 셈이다. 오는 4월 6일 실시되는 제34대 재향군인회장 선거는 19대 국회 총선 때문에 국민적인 관심사에서 밀려있으나 사실 전 예비역들의 대통령을 뽑는 선거로서 규모에선 대선 다음으로 가장 큰 선거다.

나라의 버팀목이 없는 흔들리는 시국에서 보수우파 심장부인 향군의 선거는 나라의 운명과도 직결되어 있다 해도 과언이 아니다. 향군 60년 사를 새로 쓰고자하는 개혁의 기수 김병관의 행보에 세간의 관심이 집중되고 있다. 그는 2003년 북핵문제가 국제 사회에 주요문제로 대두되었던 시점에서 반핵·반김 운동을 주도하여 우파세력이 시청 앞 광장을 탈환하는 계기를 만들기도 했다.

6·25를 통일전쟁으로 미화하고 맥아더를 점령군의 괴수로 매도하는 한총련 세력이 맥아더동상 철거운동을 전개했을 때, 강정구의 논리를 반박하는 칼럼을 기고하여 우파의 단결을 촉구한 진원지이기도 하다. 김 회장은 "지금 종북세력이 나라를 망치고 있다."며, 향군 개혁의 시급성과 필요성을 강조한다. "재향군인회 예산을 나라 살리기에 사용한다면 좌파에 의해 나라가 휘둘리는 일은 없을 것이다."라며, 특히 방만하게 운영된 재향군인회의 재정집행에 대한 문제를 지적한다.

그동안 지도부의 잘못으로 수천억의 부채를 누적시켜 정상적인 순항이 불가능하게 된 거대함선을 정상적인 항로로 진입시킬 지도자. 즉 경영마인드를 가진 수장교체가 최우선 과제라고 본다. 그러나 "재향군인회는 사병연합회가 아니고, 군 요직을 경험한 장성과 장교들이 중심이 되어 움직여 왔다."는 정체성을 부인하는 입장이 아님을 분명히 하고 있다. 체제를 바꿔서 신사고로 새 활력을 얻어 다시 출발하자는 뜻이다.

김 회장은 해군 병장 출신으로, 훈련 도중 동기생들 159명이 익사했던 사상최대의 비전투 사고에서 살아남은 인물이다. 생존 동기생들과 더불어 덤으로 사는 인생이라고 생각하기에 목표를 세우면 남다른 추진력을 발휘하곤 한다. 서울시재향군인회장 당선도 필마단기로 현직회장을 물리친 드문 케이스였다.

20여 년 이상 서울 강동구에서 운영하는 사업체는 맨손으로 일어선 CEO의 성공스토리다. 생활체육 라이온스 등 많은 사회봉사활동을 계속하며 수익과 전혀 관계없는 지역신문도 발행한다. 지속적으로 지방자치에 관심을 갖고, 주민들의 문인활동에도 지원을 아끼지 않고 있다. 보수 세력이 위기에 처할 때는 주저하지 않고 인터넷에 글을 올려서 네티즌들과 직접 소통하기도 한다. 행동하는 보수주의자이기에 그의 출마를 적극 지원하고 격려방문을 하는 우파의 저명인사들도 적지 않다.

김병관 회장은 지난 2009년 4월 향군회장 선거에서 '향군개혁'을 내세우고 박세직 올림픽조직위원장과 경합하여 30%나 지지를 받아 파란을 일으켰던 소신파다. 이번 선거에서는 대장출신의 박세환(전 2군 사령관), 조남풍(전 기무사령관), 오영우(전 1군 사령관), 김병관(동명이인-전 한미연합 부사령관)과 유일한 지역회장 출신이자 사병출신인 그가 다시 후보로 나섰다.

만약 병장출신 후보가 대장출신 4명과 맞붙어서 이긴다면 그 자체가 향군의 60년사를 다시 쓰는 혁명적인 사건이 될 것이다. 사기가 떨어져 불신이 팽배한 향군조직에는 새로운 기풍이 도입될 수밖에 없다. 그로 인해서 정체된 향군조직에도 비로소 봄기운이 스며들기를 기대해 본다.

#하지만 4월 6일 예상 밖의 표차로 참패한 후, 권토중래 향군개혁을 도모하고 있다.

필리핀
민다나오 섬의 비극

필리핀은 한국전쟁 당시 미국·영국 다음으로 일찍 참전했다고 한다. 1950년부터 5년 간 5개 대대 7,500여 명의 전투병 파견으로 112명의 전사자와 229명의 부상병으로 서부전선을 방어했다. 이후에도 1960~1970년대 초 까지 필리핀은 낙후된 한국을 위해 많은 도움을 주었다. 지금 장충체육관과 종합청사 앞 쌍둥이 빌딩(미대사관·재무부)도 그들의 원조로 건설된 것이다.

그 후 한국은 원조를 받던 나라에서 주는 나라로 경제성장을 했고, 그 보답으로 아직 가난한 필리핀에 도움을 주는 형편이 되었다. 하지만 그건 많은 섬들 중에서 수도 마닐라가 있는 루손 섬에 한정된 이야기다. 필리핀 남쪽의 큰 섬인 민다나오 섬은 남한과 비슷한 면적인 데다 6·25 당시 이 지역 출신 청년 1,200명이 참전한 곳이다. 때문에 그 지역을 장악한 회교 반정부군 공산당조직에 의해 한국전 참전용사와 가족들은 처단되었고, 일가친척들은 다른 섬으로 추방되는 비극을 겪어야 했다. DJ정부와 노무현정부에서 북한을 자극하지 않기 위해 이런 사실을 외면해왔고, 필리핀 정부도 그랬다.

다행히도 이 섬의 북쪽에 위치한 부투완 지역은 자체적으로 공산조직을 몰아내고 가톨릭신자들로 구성된 마을을 건설하여 정치적 안정을 되찾았다. 한국정부는 몇 년 전 한국인 건설노동자들의 피살사건을 계기로 여전히 위험지역으로 분류하고 한국인의 여행을 자제, 또는 금지시키고 있는 실정이다.

문제는 이 지역의 참전용사가 살던 칼멘 군 관할 민다리가오 면 산간 오지 마을은 교육수준이 낮으나 1,800여 명 주민에 18세 이상 피선거권자가 천 명이 넘어 노동력은 풍부한 편이다. 그들은 (재)국제농업개발원 이병화 연구소장(전 새마을 소득증대 학교장)을 통해 한국의 새마을운동과 선진채소농법 기술전수를 간절히 요구하고 있다.

우리 정부는 그동안 6·25 참전 16개국과 물자지원을 해준 도합 21개국 중에서 한국보다 낙후된 나라(필리핀·에티오피아·태국·터키·남아공·그리스·콜롬비아 등)들에는 보은의 차원에서 ODA자금지원과 무료교육혜택(참전용사 직계가족 중 한국유학 희망자녀들 대상)을 주고 있다. 이병화 소장은 이 열악한 환경의 외진 섬(해발 320m 고개를 넘어 8km를 걸어서 생필품 구입)에 숨어 살다시피 하는 주민들의 삶을 보고, 그들의 자유와 소득증대를 위해 직접 나서지 않을 수 없었다고 한다.

우선 물자운반과 통학용으로 4륜구동 농업용 트랙터에 트레일러를 부착시키고, 그 이동통로를 건설하기 위해 소형 포크레인 등 장비를 보

내기로 했다.(자체조달 2천8백만 원, 행정안전부 예산 6천만 원 합계 8천8백만 원)
아울러 방앗간용 소형 곡물분쇄기도 준비했다. 그는 방문할 때마다 도
움을 주면서도, "회교반군에 맞서 마을을 순찰하는 무장한 늙은 민병대
원들과 마주칠 때면 죄인처럼 부끄럽다."고 했다.

　다른 나라 민족을 도와준 대가로 대를 이어서 불행을 겪는 비극의 마
을이 필리핀에 있다는 사실 하나만이라도 우리 국민들이 알아주었으
면……. 제19대 총선에서 다문화민족에 대한 지분으로 새누리당에서
비례대표 국회의원으로 영입한 필리핀 출신 이자스민은 보은의 작은
시작인 셈이다.

이병화 원장 월간『상업농경영』2012년 5월호/ 계간『기계화농업』2012년 봄호 참조

엘빈 토플러와 인터뷰하고 사인받는 김구철 기자

제6장
두 얼굴의 리더십
-김구철

그는 세 차례 대통령 선거를 정치부 기자로 현장에서 취재하고 남들보다 이른 시기에 영국 연수를 다녀오는 등 엘리트 코스를 밟았다. 특집부에서 인도와 아일랜드의 IT 산업/ 시베리아 횡단 철도/ 남미의 산업화 과정 등을 다룬 특집 다큐멘터리를 여러 편 제작했다.

경제부로 옮긴 다음에는 재정경제부 취재기자 120명의 대표를 지냈고, 국제부 데스크로서는 inbound로만 한정돼 온 국제뉴스의 흐름을 outbound로 재규정하는 선도적인 역할을 담당했다. KBS를 떠나기 직전에는 대외정책과 방송통신융합 기획업무를 맡아 방송의 생존 전략을 모색에 깊이 참여한 바 있다.

방송기자로는 드물게 일찍부터 방송뉴스의 취재와 보도, 뉴스 제작의 구성방법론을 고민해 왔고 체계화하려고 애썼다. 결과 방송 뉴스의 기획, 취재, 제작, 송출에 관한 지명도를 높였다.

특히 최근 5년간 IPTV의 정착과 종합편성 채널의 인허가(JTBC)와 론칭(TV조선)에 참여하며 KBS시절 축적한 이론과 경험을 열악한 환경에 적용하는 경험을 쌓았다. 2007년 대통령 선거 때는 취재기자가 아닌 선거캠프 방송팀의 일원으로 긴박한 현장체험도 했다.

지난 총선 때는 종편의 열악한 제작 환경 속에서도 선거방송기획단장으로서 선거 보도를 한 차원 끌어올리는 데 기여했다는 평가를 받고 있다.

책임지는
실패

2012년 7월 시점에서 최시중, 박영준, 신재민, 김두우 등 MB정부 최측근들이 잇따라 비리 독직 사건에 연루돼 사법절차를 밟고 있다. 더구나 헌정 사상 최초로 현역 국회의장이 검찰 수사로 유죄판결을 받게 된 것도 이명박 정부 실패의 압권이다.

주변 인사들만 문제되는 것은 아니다. 대통령 본인이 직접 연루된 것으로 의심되는 의혹사건들도 잇따라 제기되고 검찰수사가 진행 중이다. 그런가 하면 의혹을 해소하는 과정과 결말도 역시 '실패할 수밖에 없는 운명의 정권'이라고 생각하게 만든다. 내곡동 사저 의혹 사건의 수사 결과를 봐도 그렇고, 민간인 불법 사찰 사건의 수사결과를 봐도 그렇다. 두 사건의 수사 과정과 수사 결과는 너무나 의례적인 봐주기식이다.

검찰이 과연 국가 조직의 일부인지를 의심케 하는 것이었다. 검찰 수사 결과가 발표될 때마다 언론은—그토록 이명박 정부를 지지하던 보수 언론까지 포함해서—검찰 수사가 법과 질서를 바로 세우기는커녕 법과 질서를 훼손했다는 지적을 했다. 그때마다 청와대의 반응은 "국민에 송구하다."였다. 요컨대 '법과 질서의 수호자'여야 할 대통령이 헌법상 보장된 형사 소추 면제의 특권에 기대야만 할 처지로 위상이 추락한 것이다.

YS, DJ 두 전직대통령의 아들은 각각 대통령 임기 마지막 해에 감옥으로 가야 했다. DJ의 경우에는 아들들이 다 사법 처리되었다. 그런데 이명박의 아들은 감옥에 가기는커녕 검찰 소환 한 번 받지 않고 서면조사로 대체했다. 형사 피의자에 대해 서면조사가 과연 무엇인가? 검찰이 피의자를 서면조사하는 것은 극히 이례적인 경우에 한해 제한적으로 적용되는 전형적인 특혜수사다. 1998년 IMF 외환위기 당시 외환위기를 초래한 책임이 누구에게 있는지를 규명하기 위한 검찰 수사에서 YS에 대해 전직 대통령에 대한 예우 차원에서 서면조사한 선례가 있기는 하다.

그러나 YS의 경우에는 전직 대통령 본인이고, 더군다나 대통령의 재직 중 정책적인 판단에 대해 설령 그 판단이 그르다 해서 형사 처벌할 수 있느냐는 헌법학 차원의 문제가 제기될 수 있다. 그러나 이명박의 아들은 대통령이 아닌 것이 분명하고 더구나 형사 피의자 신분이다. 한 번 불러 혼내는 시늉이라도 했다면 국민감정이 조금은 가라앉았을지도 모른다. 아예 처음부터 봐주겠다고 단단히 작심하지 않은 이상 서면조사는 정말 가당찮다.

노무현의 경우에는 YS, DJ처럼 재임 중 자녀들이 감옥에 가지는 않았지만, 본인이 퇴임 후 목숨을 던져 의혹이 제대로 규명되지 않고 수사가 중지된 특이한 사례다. 전직 국가원수가 그것도 '도덕적 우위'를 거의 유일한 강점으로 내세웠던 정권의 대통령이 검찰의 수사를 받는 상황에 내몰린 자체로 그 결말은 예정된 것이었는지도 모른다. 설령 민주통합당에서 자주 이야기하듯이, 법원 판결이 확정되기 전에는 '무죄 추정의 원칙'이 적용된다고 하더라도 말이다.

어쨌든 노무현은 본인의 희생으로 가족들이 형사법정에 서는 일을 막았고, 실패한 정권의 책임론이 더 이상 확산되지 않도록 차단하는 데 성공했다. 그래서 노무현은, 보수 진영에서 지적하듯 국가원수로서는 자격 미달이었을지 모르나 최소한 자신이 이끌던 소수 집단의 우두머리로서 충분한 자격이 있다. 그러나 이명박 정부는 끊임없이 의혹의 원인을 제공하고도 그 의혹을 해소해 나가는 과정조차도 불투명한, 의혹이 의혹을 낳는 정부다. 그리고 제기된 의혹 그 어느 하나에 대해서도 직접 책임지지 않는다. 그래서 이번에는 책임질 줄 아는 지도자를, 말로써가 아니라 실제로 책임졌던 지도자를 선택해야 한다.

거짓말도
능력(?)

2008년 이명박 대통령 취임 직후 치러진 18대 총선 공천 과정에서 실패는 이미 예고된 것이었다. 당시 한나라당의 공천은 친박계 학살로 요약될 수 있고, 공천 결과에 대해 박근혜 전 대표는 "나도 속고 국민도 속았다."고 요약했다. 촌철살인, 더없이 적확한 구도의 설정framing이요, 이름달기naming며 이름붙이기labelling였다. 국민 모두는 자신과 박근혜 대표를 동일시하게 됐고, 이후 이명박 정부는 "나도 속고 국민도 속았다." 이 10자에 불과한 짧은 문장의 틀 안에 갇혀 버렸다. 이명박 정부의 어떤 말도 국민은 신뢰하지 않았고, 이명박 정부의 어떤 정책도 대국민 사기극으로 치부됐다.

정치인은 타고난 거짓말쟁이라고 한다. 사실 그럴지도 모른다. 정치 과정이 간단없이 거짓말을 요구하기 때문이다. 그럼에도 불구하고 조순형과 같은 정치인은 정직한 정치인으로 존경받고 어떤 정치인은 거짓말쟁이로 두고두고 지탄을 받는다. 거짓말에도 다 같은 게 아니다. 용서받을 수 있는 거짓말이 있고, 용서받을 수 없는 거짓말이 있는 법이다.

용서받을 수 있는 거짓말은 두 종류가 있다. 거짓말을 할 생각이 없었는데 결과적으로 거짓말이 되는 경우다. 얼마나 어려운지 모른 채 며칠까지 어떤 일을 마치겠다고 약속했는데, 시작하고 보니 어려움이 너무 많아 또는 생각지 못한 장애가 발생해 그 때까지 마무리하지 못한 경우, 이는 분명히 약속을 어긴 것이고 거짓말한 것이다. 그러나 이는 일이 사람에게 거짓말시킨 것이지 사람이 거짓말했다고 보기는 어렵다. 공직자나 책임을 맡게 된 사람들이 이런 거짓말을 자주 하게 된다.
다음 거짓말인 줄 알지만 악의는 없는 경우다. 불치의 중병을 앓게 된 환자에게 희망을 놓지 말라는 의도로 병명을 제대로 알려주지 않고 증세가 비슷한 가벼운 병명을 알려주는 경우가 여기 해당한다. 이른바 선의의 거짓말이다. 영어로는 white lie라고 표현하는 이런 거짓말은 일상생활에서 일반인도 자주 하게 된다. 나중에 알게 되면 제대로 알려주지 않았다고 다소 서운해 하기도 하지만, 의도를 알게 되면 도리어 고마워하는 경우도 있다.

마지막으로 악의적인 거짓말이다. 실현될 가능성이 전혀 또는 거의 없다는 사실을 알면서도 약속을 남발하고, 약속을 지키지 못하는 상황이 되면 '배 째라' 식으로 나온다. 전형적인 사기 행위다. 장사꾼이라도 생각이 제대로 박힌 큰 장사꾼 가운데는 이런 사람이 적지만 쫌생이 장사꾼 가운데 이런 부류를 많이 만나게 된다. 단골손님을 얻으려 하기보다는 한번 등쳐먹고 말자는 먹튀 장사꾼, 질 나쁜 장사치가 자주 범하는 범죄적 행위다.

그러면 정치인이 내건 약속, 즉 공약이 실현되지 못한 경우 그 거짓말은 어디에 해당할까? 첫 번째인 경우도 있고 세 번째인 경우도 있을 것이다. 나는 20여 년 정치인들을 취재하면서, 대다수 정치인들의 거짓말은 첫 번째에 해당한다고 믿게끔 됐다. 그러나 일부 세 번째에 해당하는 경우가 전혀 없지만은 않을 것이며 이 범주에 드는 것으로 낙인찍힌 지도자가 할 수 있는 일은 거의 없을 것이다.

우리 정치사에서 거짓말을 가장 많이 한 정치인이 누군지 알 사람은 다 알고 있다. YS나 JP는 거짓말의 절대적 횟수나 빈도는 상대적으로 낮은 것으로 평가된다. 그러나 뱉어낸 말 가운데 얼마나 많은 말이 거짓말이었느냐는 비율의 문제가 되면 순위는 달라질 것으로 보인다. 말이 적은 사람은 거짓말의 비율이 높을 것이고 말이 많으면 그 비율이 낮아질 가능성이 크다. 거듭 말하거니와 정치과정은 정치인에게 끊임없이 거짓말을 강요하기 때문이다.

그런 점에서 노무현은 참으로 독특한 인물이다. 거짓말의 절대적인 양과 빈도도 높지만 전체 발언 가운데 거짓말이 차지하는 비율도 매우 높았던 것으로 느껴진다. 그러면서도 '바보 노무현'으로 스스로를 브랜딩하는 데 성공했다. 거짓말 잘하는 사람이 '바보'라니! '바보 노무현'은 거짓말 잘하는 정치인이 진솔하고 순박하다는 실상과는 동떨어진 이미지로 국민에게 다가가게 하는 데 크게 기여했다.

그러면 가장 거짓말 잘했던 대통령은 누구일까? 이명박은 2008년 총선 이후 거짓말쟁이로 규정돼 버렸고 리더십에 큰 타격을 입었다. 권력자는 리더십에 큰 타격을 받게 되면 결국은 불법적인 통치 수단에 의존하려는 유혹을 받게 된다. 이명박의 경우에는 그것이 민간인 불법 사찰이었던 셈이다.

왜 이명박은 적법과 불법에 둔감했을까? 왜 '거짓말쟁이'라는 공격에 추약했을까? 그 이유를 이명박이 사적 영역private sector에서 주로 경력을 쌓은 인물이라는 데 주목한다. 만일 이명박이 공적 영역public sector에서 주된 경력을 쌓은 공적 인물public figure였다면 사안이 무엇이든 '적법 절차'의 문제를 고민하고 준수하기 위해 애썼을 것이다. 그러나 애석하게도 그는 과정보다 결과를 더 중시하고, 절차보다 '효율'을 더 중시하고, '외부 경제'보다 '내부 경제'에 민감한 민간 CEO 출신이었다! 최근 BBK 사건 수사에서 '이명박 불기소' 결정을 이끌어내는 데 중요한 근거가 됐던 '편지'가 조작됐다는 의혹이 새로 제기된 것도 곰곰 되새겨볼 대목이다.

위기관리와
눈물

미래학자 앨빈 토플러는 그의 명저 『부의 미래』에서 21세기를 가리켜
'인류가 전혀 경험하지 못한 새로운 성격의 위기가 연속적으로 나타나
는 시대' '위기가 과거 그 어느 때보다도 빠른 속도로 국경과 국경을 가
로지르며 확산되는 시대' 그래서 '사소한 위기조차 개인이나 조직을 송
두리째 흔들고 마침내는 파멸로 이끌 수 있는 시대'로 정의했다.

과연 그의 말대로 21세기 벽두부터 인류는 과거 어느 누구도 경험하
지 못한 새로운 위기를 경험한다. 바로 9·11테러였다. 아무도 경험하
지 못하고 상상하지 못했던 위기가, 과거와는 질적으로 전혀 다른 위기
가, 어느 누구도 생각지 못한 형태로, 아무도 생각지 않던 시점에 슬그
머니 나타나, 개인과 조직, 사회와 국가의 운명을 바꿔 놓고야 만다.

그 위기들은 이전에는 상상도 하기 어려울 정도로 서로 밀접하게 연관돼 복잡한 양상을 띠는 것이 보통이다. 때로는 개인과 조직, 사회와 국가, 민족의 연속성과 생존을 위협한다. 이런 격변의 시대, 불확실성의 시대에는 위기관리 역량이 지도자에게 가장 요구되는 덕목이다. 이름 하여 위기관리 리더십.

이명박 정부는 위기관리에 취약했다. 미국 쇠고기의 광우병 파동으로 촉발된 2008년 촛불 정국은 이명박 정부가 얼마나 위기관리에 젬병인지를 그 어떤 잘 제작된 다큐멘터리나 영화보다도 더 잘 보여주었다. 자고나면 또 하나 정부 측의 실수와 실언이 이어져, 촛불 집회는 결국 정권을 뒤흔들게끔 되었고 여권 인사들은 '촛불' 말만 들어도 가슴을 쓸어내릴 지경이 되었다. 오죽하면 경찰이 청와대로 가는 길목에 컨테이너 장벽을 쌓을 생각을 했을까?

노무현 대통령의 투신자살 사건, 천안함 폭침 사건 등 굵직한 사건들은 이명박 대통령이 위기관리 능력이 부족함을 드러내는 데 한몫했다. 노무현 대통령의 서거 소식을 보고받은 이명박 대통령의 첫 반응은 "사고 경위를 정확하게 조사하라."였던 것으로 알려져 있다. 물론 궁금했을 것이다. 또 사회 일각에서 제기될 수 있을 숱한 의혹과 음모론이 걱정됐을 것이다. 그래서 다른 무엇보다도 정확한 사건의 경위와 원인이 필요했을 것이다.

그러나 아무리 노무현 전 대통령이 정파가 다르다고는 하나, 바로 직전 대통령 아닌가? 전직 대통령의 사망, 그 경위가 무엇이든 첫 반응은 무조건 "안타깝다, 애석하다, 우리 정치를 위해 아직 해주셔야 할 일이 많은데……."라야 하는 것 아닌가?

천안함 폭침 사건에서 순직한 해군 장병의 영결식은 더 가관이었다. 안타까운 죽음이고 치가 떨리는 사건이었다. 살아남은 자들이, 조국의 바다를 지키다가 장렬하게 산화한 젊은이들의 영전 앞에 모여 조국 수호의 결의를 바치는 것은 단순한 의식이 아니었다. 이명박 대통령이 영결식에 참석한 것은 당연하고도 올바른 결정이었고 거기서 조사를 읽은 것도 좋았다. '그들의 귀한 죽음을 잊지 않겠다' '앞으로 북의 도발에 단호하게 대처하겠다'는 조사는 결의에 차 있었다. 문제는 대통령의 눈물이었다. 더군다나 눈물 흘리는 대통령의 사진이 당일 석간 1면 머리에 큼지막하게 실렸다. '단호한 대처'를 이야기하면서 눈물을 짜고, 눈물 닦는 사진을 그 제목 아래 싣도록 한다? 이것이 이명박 대통령의 위기관리 수준이었다.

그에 반해 박근혜는 위기에 강하다. 위기극복에 얽힌 일화도 몇 가지 있다. 1979년 10 · 26사태 직후, 비서실장이 깨워 대통령의 유고 사실을 알려주자 첫 마디가 "휴전선은……." 이었다는 것. 2006년 지방선거 당시 얼굴에 테러를 당하고 수술에서 깨어난 직후 "대전은요?"라고 물었다는 전설 같은 이야기들. 위기에 강한 여자.

박근혜는 야당 시절 한나라당 대표로서 치른 재보궐 선거에서 전승의 기록을 남기면서 선거의 여왕이라는 영예로운 별명 하나를 더 얻게 된다. 명불허전, 2004년 탄핵 정국에서 선거를 치러내고, 그로부터 8년 뒤인 2012년 19대 총선에서는 120석도 쉽지 않다는 일반의 예상을 뒤엎고 과반수 의석을 얻어낸다.

어디에서 이런 위기 극복, 위기관리의 힘이 나올까? 리더로서의 DNA가 핏속에 흐르는 것일까? 큰 실수하지 않는 것 또는 결정적인 실수를 하지 않는 것을 박근혜 리더십의 가장 본질적인 요소로 꼽고 싶다. 인류가 과거 겪어보지 못한 새로운 성격의 생소한 위기를 맞고 있는 요즘 같은 때 박근혜의 위기관리 리더십은 더욱 소중한 자질이 된다.

청와대의
아웃소싱 역량

지도자에게 위기관리 능력 다음으로 국정의 조정 역량을 꼽을 수 있다.
따지고 보면 이명박 정부가 실패한 다음 원인도 최고 지도자와 그의 직
근 참모(청와대와 국정원)들이 조정 기능을 포기한 데-최소한 제대로 발
휘하지 못한 데-있다고 본다. 어떻게 보면 이명박 정부 초기, 핵심 세
력들은 대통령과 청와대의 역할이 무엇인지에 대한 인식이 없었는지도
모른다. 그러지 않고서야 어떻게 백면서생을 첫 비서실장으로 임명할
생각을 했을까?

　청와대라는 곳은 큰 종갓집 오래 묵은 살림에 비유할 수 있다. 어느
창고에 뭐가 있고, 어느 곳간에 뭐가 쌓여 있는지, 어느 뒷방에 어느 여
종이 숨어지내고 어느 행랑에 어느 머슴이 누워 자는지 노련한 집사와
찬모, 침모의 조언이 없으면 종부宗婦(종가 맏며느리)가 제아무리 현명하
다 해도 꾸려나갈 도리가 없다. 그런데 MB 정부는 초대와 2대 청와대

비서실장을 교수 출신으로 임명함으로써 정부 부처에 대한 장악력과 국정 조정 역할을 스스로 포기해 버렸다.

돌이켜 보면 이명박 청와대는 열심히 일했다. 새벽 일찍 출근해 이른 아침부터 회의를 열었고, 밤늦게까지 불을 켜고 읽고 쓰고 작성했다. 참으로 많은 정책의 입안을 주도하고 때로는 정책을 직접 입안했다. 토론도 많이 했고, 내부 세미나도 자주 열었다. 교수 출신답게 비서실장은 비서진에게 고급 학술 서적을 함께 읽고 난 뒤 토론할 것을 주문했다고 한다. 대통령 본인부터 '생산성 낮은' 여의도 정치를 불신하면서 열심히 일했다.

그러나 이명박 정부 실패의 원인은 바로 거기 있다. 열심히 일할수록 실패의 구멍은 더욱 컸다. 왜냐? 현대 민주 국가의 대통령과 대통령 참모의 역할은, 직접 무엇을 만들어내고 직접 일하는 것이 아니라 정부 전체가 고르게 같은 방향으로 비슷한 보조로 일하도록 관리하고 조정하고 때로는 감독하는 것이기 때문이다. 다양한 이해 집단 간에 상충하는 이해관계를 조정하는 것은 물론이고, 정부 부처 간에도 의견이 다를 수도 있는 법. 직접 토론으로 해결되지 않는 민감하고 복잡한 사안일수록 전문적인 식견과 고도의 정치적 판단, 그리고 권위 있는 조정 능력이 필요하다.

그러나 이명박 정부는 스스로 전면에서 일하고 스스로 만들어내려고 했을 뿐, 조정이라는 고유의 역할은 내팽개쳐 버렸다. 좋게 말하면 열심히 일했지만, 그 일들은 자신들이 아니라도 할 사람이 많은, 더 정확하게 말하면 행정부처의 담당 공무원이 훨씬 더 잘할 수 있는 일들이었다. 그 대신 그들은 자신들이 꼭 해야 할 일과 자신들이 아니고서는 할 사람이 없는 일—국정의 기획 조정역—은 제대로 하지 않았다. 결과는 국정의 난맥상이었고 리더십의 실종이었다.

　조정 능력은 분야 간에만 필요한 것이 아니라 정부 기능 간에도 필요하다. 세계적인 경영컨설팅 회사인 매킨지는 어떤 조직이든 그 업무를 다음과 같은 4단계로 나누고 조직화하도록 훈련시킨다.

　글로벌 기업들은 이 4단계 업무 가운데 전략기획과 홍보마케팅은 기업 내에서 직접 관장하고 나머지 생산과 판매는 외부에 아웃소싱하는 것이 일반적이다. 극단적으로는 전략기획 업무도 일부를 아웃소싱하기도 한다. 애플이 전략기획에 속하는 디자인을 아웃소싱하는 것이 그 예가 될 것이다. 일반적으로 마케팅과 전략기획은 가치사슬value chain의 상단에, 그리고 생산과 판매는 하단에 위치한다. 마케팅과 전략기획은 부가가치가 크고, 생산과 판매는 부가가치가 낮다. 따라서 돈 되는 핵심 기능인 마케팅과 전략기획은 본사가 직접 관장하고, 먹을 거 없는 주변적 기능인 생산과 판매는 외부에 넘기는 거다.

　그런데 초기 이명박 정부는, 국정의 전략기획 기능과 조정, 홍보마케팅 기능에 소홀히 한 측면이 많다. 어떤 상품이든 기획이 부실하면 자원의 획득과 투입이 제대로 준비되지 않아 생산 과정이 어려워진다. 출하시기를 놓칠 가능성이 많고, 상품의 품질도 낮을 수밖에 없다. 게다가 제대로 홍보 마케팅 되지도 않은 상품이다. 제때 생산되지도 않고 품질도 좋지 않은 상품이 소비자와 시장에 널리 알려지지도 않은 상태라면 시장에서 외면당할 수밖에 없다. 판매는 어불성설이다.

국정 과제의 수행도 마찬가지다. 제 아무리 좋은 의도에서 출발한 국정 과제요 정책일지라도 꼼꼼한 기획과정에서 출발하지 않으면 진행 과정이 순탄할 리 없고, 결과물이 좋을 리가 없고 시장의 반응이 좋을 리 없다. 국정 과제의 수행은 훨씬 더 많은 비용과 노력을 필요로 하게 되고 지연될 수밖에 없다.

마지막으로 판매대행업자(인사)의 선정도 문제였다. 시장에서 불신하는 대행업자, 자신과 가깝다는 이유로 자신이 믿을 수 있다는 이유로 대행업자를 마구잡이로 끌어들였다. 물건이 좋고 그래서 없어서 못 팔 물건이라면 대행업자를 그런 식으로 선정해도 문제없었을 것이다. 그러나 상품도 신통찮고 브랜드도 별로인데 판매 대행업자는 더 문제였다. 고소영(고려대. 소망교회. 영남)이니, 강부자(강남. 땅부자)니 하는 인사의 난맥상이 언론과의 허니문 기간을 낭비하는 결과를 초래하고 말았다.

5년 내내 물의 흐름을 거슬러서 일하는 어려움을 자초하였다. 따라서 2013년 이후를 이끌 새 지도자는 생산자나 판매자 역할보다 국정의 기획제작자producing director 내지 조정자coordinator 역할에 충실해야 한다.

홍보가
기가 막혀

집권 초기 이명박 청와대는 자주 불평했다. "우리가 열심히 잘하고 일은 많이 하는데 홍보가 안 되고 있다." 여기에 이명박 정부 실패의 근본 원인이 있다. 청와대는 직접 일하는 기관이 아님에도 자신들이 일을 독점했다. 청와대는 기획을 하고 조정을 하고 홍보를 해야 하는데 기획도 조정도 하지 않았고 더욱이 홍보는 신경도 쓰지 않았다. 핑계 없는 무덤이 없듯이, 시간이 조금 지나 이명박 정부가 '소통'을 강조한 데는 이유가 있다.

스스로 소통할 줄 몰랐기 때문이다. 원래 정치학 고전에는 '정당의 명칭은 그 정당이 가장 갖지 못한 것을 표현한다'고 돼 있다. 5공의 '민주정의당'이 '민주'적이지도 않고 '정의'롭지도 않았다는 것은 우리 정치의 오랜 속담이었다. 작금의 '통합진보당'이 보이는 행태는 또한 얼마나 '분열적'이고 '퇴영적'인가!

1980년대 초 미국의 레이건 대통령은 기존 리더십의 개념을 변화시켜버렸다. 통치권자의 개념을 '단순한 정책 결정자'에서 '국민에게 정책을 설명하는 사람', 즉 최고 커뮤니케이터CCO: Chief Communication Officer로 바꾸어 놓았다. 정부 전체가 일하려는 방향, 일한 결과를 국민에게 잘 설명함으로써 국민이 정부의 정책을 신뢰하고 따르도록 설득하는 것이 대통령의 역할이 된 것이다. 물론 레이건 혼자 대통령의 역할을 재규정한 것만은 아닐 것이다. 거기에는 되돌릴 수 없는 역사의 수레바퀴도 작용했을 것이다. 그러나 최소한 이명박 대통령과 이명박 청와대가 마케팅과 홍보를 제대로 하지 못했다는 사실만은 변함이 없다.

  20세기 초 포드가 대량생산 시스템으로 T형 승용차를 생산해 낼 때만 해도 자동차의 성능과 가격만이 소비자의 행동을 결정하는 요소였다. 그러나 포드는 1950년대 들면서 소비자들이 승용차의 성능과 가격만이 아니라 색상과 디자인, 그리고 브랜드를 중시하게 되었음을 깨닫지 못했다. 우리의 경험도 일치한다. 생각해 보라. 투박한 검정고무신조차 없어 못 팔 지경이었던 1960년대, 70년대 초를.

  한때 밀가루 한 포대를 받기 위해 동사무소 앞에서 장사진을 친 시절이 있었다. 그러나 지금은 쌀 한 가마를 공짜로 준다고 해도 "왜 준대?"라고 따지고, 받고 나선 "밥을 했더니 맛이 없어."라고 따지는 세태다. 고가의 나이키 운동화를 5만 원에 판다고 해도 10대, 20대 젊은 소비자들은 자신의 기호에 맞지 않는다며 콧방귀도 뀌지 않는 시대가 됐다.

  행정 서비스, 정책 서비스 역시 마찬가지다. 행정 서비스, 정책 서비스가 하늘 아래 새로운 것이 어디 있겠는가? 선진국에서 모두 실험해

본 것들 가운데 주어진 상황에 가장 유용한 수단을 채택하는 선택의 문제 아니다. 또 제아무리 좋은 제도나 정책일지라도 국민 모두가 동의하고 박수치는 제도나 정책이 과연 몇 %나 되겠는가? 국민에게 도움 되는 좋은 정책일지라도 국민들이 의구심을 갖고 대한다면 제대로 집행될 리가 없다.

애플사의 아이폰은 시장에 출시되기 전에 이미 시장에 충분히 알려져 있다. 시간여유를 두고 충분한 양의 홍보와 광고를 선제적으로 집행함으로써, 출시되는 날 구매자들이 줄지어 차례를 기다리도록 만든다. 정책 역시 집행되기 전에 시장에 충분히 알려져 시장에서 줄서서 기다리도록 만들어야 한다. 정책의 마케팅, 정책의 홍보가 정책의 집행에 선행돼야 한다는 뜻이다.

제도든 정책이든, 국민에게 미리 제대로 설명하고 납득시키지 못하면 집행하기 어렵고 집행해 봤자 좋은 결과를 낳기 어렵다. 정책의 기획 단계부터 정책의 소비자인 국민의 여론을 반영하고 정책 수요를 측정한 다음, 입안 과정에 정책 소비자인 국민의 대표(법적 대표인 국회의원만이 아닌 다른 일반 국민)를 참여시키고, 정책 집행 전에 충분히 국민에게 알려야 한다. 그래야 그 정책은 성공할 가능성이 높다.

그럼에도 불구하고 우리는 참으로 오랫동안 '제대로 말하는 지도자'와 '국민을 제대로 설득할 능력을 갖춘 지도자'를 갖지 못했다. 직선제 대통령 선거가 부활된 것은 1987년 1노 3김의 대결 때였지만, 대통령 후보 간의 TV토론이 성사된 것은 10년이 지난 1997년 대통령 선거 때부터였다. 이회창, 김대중, 이인제 세 주요 후보들은 TV 카메라 앞에서 자기 의사를 명확하게 표현할 줄 아는 인물들이었다. 누가 대통령이 되더라도 TV 앞에서 국민을 직접 설득할 수 있는 인물을 대통령으로 가질 것 같았다.

반면 이명박 정부는 소통에 서툴렀다. 미리 알리고 양해를 구하기보다는 사후에 알리면 된다고 생각했다. 선제적 홍보보다는 치적의 홍보, 사후적 홍보만 생각했다. 세상에 누가 다른 사람 자랑하는 것 듣고 있을 만큼 한가할까?

정치 커뮤니케이션의 본질은 정의를 내리고 반복하는 것이다. 그런 점에서 마가렛 대처는 하나의 좋은 벤치마킹 사례가 될 수 있다. 대처는 둔감할 정도로 똑같은 말을 반복했기 때문이다. 1987년 대선에 출마한 김영삼도 '군정 종식 김영삼'이란 간단하고 단순한 로고송만 반복했다. 물론 DJ와 표가 갈려 낙선했지만, 그래도 여러 가지 복잡한 메시지를 나열한 DJ보다는 더 나은 성적표를 받았고 결국 DJ보다 5년 먼저 대통령이 되었다.

다음 대통령은 국민을 쉽게 설득할 수 있는 인물이라야 한다. 미디어가 부족해서가 아니라 미디어와 콘텐츠가 너무 넘치기 때문에 그렇다. 그런 점에서 박근혜는 유리하다. 복잡한 사안을 단순명료하게 핵심을 정리하는 데 능하다. 최근 이재오 전 최고위원의 여성 지도자 논란에 대해 "아직도 그런 생각하는 분이 있나요?"라는 한마디로 정리하는 걸 보면 감탄스러울 정도니까.

사람냄새
나는 소통

1997년 당시 대권 도전을 선언한 모든 정치인 가운데 이회창은 가장 좋은 경력을 갖추고, 미래의 대통령으로서 가장 잘 준비된 인사였다. 좋은 집안에서 훌륭한 아버지의 잘난 아들로 태어났다. 처가 쪽 식구들도 모두 잘 난 사람이었고, 본인의 경력도 어디 하나 흠 없는 완벽한 경력이었다. 판사, 대법관, 감사원장, 총리, 여당 대표……. 단 한 가지 그에게는 인간미가 없었다.

2002년의 정몽준 역시 마찬가지였다. 그가 노무현에게 여론조사에서 진 것으로 판명된 순간, 인간미가 없고 믿음을 가볍게 여기는 정몽준의 한계가 너무나 적나라하게 드러났다. 만일 정몽준이 2002년 경선실패에 승복했다면 2002년 대선의 승자가 누구였든, 2007년 대권의 주인공은 정몽준이 되었을 수도 있다. 사기 열전에는 "천리마를 구하기 위해서는 천리마 가죽에 5백금을 주면 되고, 현인을 구하기 위해서는 주변의 범재일지라도 예의 있게 대하면 된다."고 나와 있다.

기업인 출신 정치인은 가까이에서 오랫동안 지켜본 사람이 의외로 적어 제대로 파악하기가 매우 까다롭다. 정몽준과 같은 기업인 출신 거물 정치인을 이해하는 것은 결국은 오랫동안 지근거리에서 접한 인물을 통해서다. 그를 가까이에서 보필한 소수의 참모들에게서 듣는 정몽준은 결코 후덕한 인사는 아니며, 가까이 있는 사람을 귀중하게 여기는 것 같지도 않다. 주변의 비재非材에 만족하기에는 정몽준 스스로 너무 잘 났고 너무 아는 것이 많고, 많이 갖고 태어났기 때문이다.

그러나 정치는 본질적으로 인간을 귀하게 여기는 사업임을 시시때때로 우리에게 일깨워준다. 정치에는 돈도 소중하고 조직도 소중하지만 단 하나를 꼽으라면 역시 사람이다. 일찍이 공자가 말하지 않았던가? '군대와 땅과 백성 가운데 무엇부터 버릴 것인가'라는 질문에 공자는 명쾌하게 답을 낸다. "백성이 가장 소중하다."고.

그런 점에서 보면 2007년 대선에서 이명박이 승리한 것은, 비록 길지 않은 기간이지만 1990년 중반 의원직을 상실하고 미국 워싱턴에서 연수 생활을 한 경험이 좋은 방향으로 작용한 예일 것이다. 선거법 위반 사건에 연루돼 보좌진이 여럿 유죄 판결을 받고 복역하는 사이 이명박은 워싱턴에서 인고의 세월을 보내게 된다. 잠깐이마나 이명박은, 외로운 세월을 보냈고 인간의 소중함을 깨달았다면 지나친 억측일까?

3김 가운데 JP만 유일하게 대통령이 되지 못했다. 아마도 지적으로나 정서적, 균형 감각으로나 인간적인 매력으로 보나 어느 면에서도 JP가 양김에 뒤지지는 않을 것이다. 양김에게 뒤지는 부분이 있다면 출신 지역으로, 한 사람은 영남, 한 사람은 호남으로 지역 기반이 단단한데 JP는 상대적으로 도세가 약한 충청도 출신이라는 정도다. 그러나 이 약점은 현역 대통령인 박정희의 조카사위라는 점으로 충분히 상쇄할 수도 있었다. 그럼에도 왜 JP만 대통령이 되지 못했을까? 사람에 대한 태도의 차이라고 본다.

YS, DJ와 측근 참모들 간의 관계는 단순한 주종 관계를 떠나 생사를 같이 하는 혈맹이요 동지였다. 그러나 JP에게 있어서 측근 참모들은 참모 이상도 이하도 아니었다. JP는 자신을 대통령으로 만들기 위해 3선 개헌에 끝까지 반대한 정구영, 양순직 등 직계 정치인들을 챙기지 않았다. 공천을 받지 못하고, 정치 활동을 금지 당하며 공직 취임도 봉쇄당하는 동지들의 고된 삶을 돌보지 않았다. 그 이후 아무도 JP를 위해 목숨을 바치지 않았다.

깊은 산에 들어가 10년 수련 끝에 고수가 돼 강호로 돌아오는 주인공의 이야기가 많은 무협지들의 줄기다. 박근혜가 정치 무대에 등장한 1998년 봄은, 1979년 이후 18년 반이란 칩거를 끝내고 강호로 복귀한 전환기에 해당된다. 사실상 우리 현대 정치에서 김대중, 김영삼을 마지막으로 순수하게 정치적인 이유로 장기간 유폐 생활을 경험한 정치인은 박근혜 말고는 없다. 가택 연금이든 사실상의 망명이든, 아니면 장기 투옥이든 격리의 형태가 어떠하든 말이다. 18년간의 유폐 생활이 박근혜의 정치 역정에 어느 누구도 범접할 수 없는 위엄과 권위, 그리고 내공을 키웠다고 본다. 그리고 정치인에게는 그 무엇보다도 소중한 '인간의 소중함에 대한 깨달음'을 주었다고 생각한다.

그러나 이 기간이 박근혜에게 내공만 쌓아준 것은 아닐 것이다. 박근혜에게는 말수 적은 경상도 사람의 피가 흐른다. 생소한 사람에 대한 경계심도 강한 편이다. 얼음공주라는 별명이 바로 낯선 사람에 대한 박근혜의 '경계심'을 지칭하는 것이다. 오랜 세월, 상황이 습관화된 나머지 커뮤니케이션에 약점을 갖게 된 것은 아닌가? 박근혜에 대한 검증은 결국 커뮤니케이션 스킬에 집중될 가능성이 크다.

준비된
세계화

유럽의 지도자들에게는 3, 4개 국어가 별 문제가 아니다. 대개 초등학교에서 모국어를 마스터하고 중학교 수준에서 제1외국어, 고등학교에서는 제2 외국어를 배운다. 대학에서 3개 정도 외국어를 배우는 나라도 있다. 어지간한 지식인들은 영어, 불어, 독일어, 스페인어, 이탈리아어 정도를 구사한다. 우리로 치면 한문에 해당하는 라틴어와 그리스어를 배우는 학생은 과거보다는 많이 줄었다고 한다.

급속하게 진행되는 세계화를 다룬 평론집『세계는 평평하다』The World is Flat를 쓴 뉴욕 타임스의 칼럼니스트 토마스 프리드만은 영국 옥스퍼드의 대학원에 진학하면서 받은 첫 충격을 다음과 같이 묘사한다. "(미국의)대학 시절에는 그 대학에서 교수와 학생을 모두 통틀어 내가 중동에 관해 최고의 전문가였고, 중동 지역 언어를 가장 잘하는 인물이었다. 옥스퍼드에 오니 나는 중동에 관한 지식이 가장 부족한 편에 속했다." 그만큼 유럽 사람들은 다양한 언어를 익히고 사용한다.

그러니 유럽 국가 지도자들은 정상 외교라는 것이 별로 어려운 일이 아니다. 오랫동안 프랑스와 독일 지도자들은 주말마다 서로의 별장을 교환 방문해 벌거벗고 일광욕을 즐기면서 공동의 관심사를 논의했고, 그 자리에 영국이나 미국이 낄 자리는 없었다. G-5 정상회의가 구성되고 미국과 영국이 서방 정상 외교를 주도하게 되면서 비로소 영어가 정상 외교의 주된 언어로 등장하게 된다. 1990년대 들어 지식 경제가 도래하고 미국이 초강대국으로 등장하면서는 아예 '영어' 일원화가 진행되기도 한다. 그럼에도 불구하고 여전히 다양한 언어를 구사하는 능력은 정상 외교에서는 매우 중요한 무기가 된다.

해방 초기 우리나라의 지도자들은 백범 김구 선생 같은 특수한 경우를 제외하면 모두 외국어 특히 영어를 능숙하게 구사했다. 이승만은 미국 동부의 명문 사립대학인 프린스턴에서 박사 학위를 받았고, 윤보선 대통령도 장면 총리도 모두 외국 유학 생활을 한 엘리트였다. 국민의 절대 다수가 근대 교육의 혜택을 전혀 받지 못한 문맹의 시대인데도 최고 지도자들은 외국인 특히 미국인과 의사소통을 하는 데 아무런 장애가 없었다.

그러나 YS시대에 이르면 외국인과는 대화가 통하지 않는 '언어 장애'를 오히려 훈장처럼 자랑하는 이상한 풍조가 생겨나게 된다. 말로만 세계화, 국제화를 떠들면서 외국어 한마디 못 하는 국가원수들, 그래서 국제회의만 가면 우리 대통령들은 따로 놀 수밖에 없었다. DJ는 영어 문서의 의미를 파악하는 데는 상당한 수준이었지만, 영어 문서 낭독에는 소질이 없었고 그래서 DJ가 외국에서 영어로 연설하면 미국인들은 자막을 붙여야만 했다. 발음이 영 그렇고 그런 수준이었으므로.

박근혜의 경우 영어는 기본이고 중국어, 일본어, 스페인어, 프랑스어까지, 외국 방문을 수행한 기자들이 놀랄 정도로 여러 외국어를 자유자재로 구사했다고 한다. 국운이 좋다면 5개 이상의 외국어로 자신의 의사를 표현할 수도 있고, 타인의 의사를 이해할 수도 있는 지도자가 탄생할 수도 있다. 대한민국이 세계 외교무대의 전면에서 주연으로 떠오르기 위해서는 다양한 외국어를 자유자재로 구사할 수 있는 정치인이 필요하다.

노무현 대통령과 이명박 대통령에게는 영어로 의사소통하는 자체는 문제가 아니었다. 그들도 그 정도 영어는 할 줄 알았다. 문제는 그들의 천박한 교양과 의식 수준이었다. "이쯤 되면 막가자는 거지요?" "반미 좀 하면 어떻습니까?" 식은 양반이라고 할 수 있겠다. '나꼼수' 방송을 통한 저질스럽고 천박한 언어는 그들의 의식 구조와 문화 의식, 행동 양식을 대변했다. 그리고 그들과 말을 섞는 자들은, 언어와 의식 구조, 문화 의식, 행동 양식이 그들을 닮게 된다. 하물며 대통령의 언어이랴! 무릇 대통령은 언어와 의식 구조, 문화 의식과 행동 양식에서 품위가 느껴져야 한다.

원칙과
운신

DJ, 노무현 10년 동안 집권 세력과 시민 단체들은 끊임없이 '반칙 없는 나라, 특권 없는 나라'를 외쳤다. 드디어 '반칙 없는 나라, 특권 없는 나라'가 한반도에 실현되는가 싶었다. 그러나 그것은 공허한 말뿐이었고, 실제로는 "(과거 어느 때보다)반칙이 성행하는 나라, 특권이 횡행하는 나라"가 되었다. DJ의 두 아들 홍걸과 홍업이 모두 검은돈에 연루돼 구속돼 재판 끝에 유죄 판결을 받았고, 노무현은 전직 대통령으로서는 유일하게 검은돈을 직접 이유로 검찰의 조사를 받는 수모를 겪었다.

박근혜의 원칙·규칙에 대한 집착은 어린 시절부터의 고질병이었는지도 모른다. 어머니 육영수 여사가 문세광의 흉탄에 맞아 세상을 떠난 뒤, 시인 박목월 선생이 육영수 여사의 전기를 쓰게 된다. 그 전기의 한 자락, 어머니 육영수 여사까지도 맏딸이 있는 자리에서는 다시 한 번 자세를 바로 하고 옷매무새를 점검했다는 일화가 나온다. 모범생 근혜!

그런 박근혜에게 경선을 바로 앞두고 경선 룰을 바꾸자는 제안은, 입학 시험을 코앞에 두고 시험과목을 자기가 자신 있는 과목으로 바꿔 달라고 떼쓰는 철없는 입시생으로밖에는 비치지 않을 것이다.

그렇다 해서 원칙의 정치인이라는 이미지와 소신에 위기나 도전이 없는 것은 아니다. 1984년 미 상원 의원 선거에 출마한 헬름스는 선거 광고 마지막에 상대방에 대해 "당신의 입장은 무엇입니까?"라는 질문을 달았다. 헬름스는 묻고 또 물었다. "당신의 입장은 무엇입니까?" "당신의 입장은 무엇입니까?" 이 질문은 상대방에게는 정략적인 판단에 따라 입장이 달라진다는 이미지를 주고, 자신은 항상 일관되고 분명한 입장을 견지한다는 이미지를 주었다. 레이건도 먼데일을 상대하며 이 전술로 재미를 봤고, 조지 W. 부시도 케리를 상대하며 이 전술을 썼다. 이런 식으로 그들은 자신을 도덕적인 후보로, 상대를 정략적인 후보로 규정했다.

2012년 4월 총선을 앞두고 민주통합당 의원들은 교대로 박근혜에게 "당신의 입장을 밝히라."고 요구했다. 총선이 끝난 뒤에는 별거 아닌 사안에도 박근혜의 입장을 요구했다. 아마 대선이 임박할수록 박근혜를 흠집 내기 위한 이런 시도는 가열 될 것이다. 국민들이 박근혜를 법과 원칙을 중시하는 정치인으로 기억하면 할수록 비슷한 압박이 집요해질 것이다. 민주당이 7인 회의에 대한 박근혜의 입장을 물은 것이 대표적으로, 사실 7인 회의는 아무 것도 아닐 수도 있다. 하지만 박근혜의 발언이나 입장이 언론을 통해 전해질 경우 그 '아무 것도 아닌' 7인이 섭섭해 할 수 있는 민감한 문제다.

어느 쪽도 박근혜로선 이로울 수 없는 상황이고 답하지 않고 어물쩍 넘어갈 수만도 없는 일이다. 매사 분명한 그녀가 정리하지 않고 넘어가는 것은 더더욱 기대하기 어렵다. 그러나 정치에는 선을 분명히 그어야 할 사안이 있고 서로 상처받지 않고 운신의 공간을 남겨야 할 사안이 있다. 이런 예민한 이슈야말로 원칙보다는 집단지성으로 문제를 풀어야 할 사안이 아닐까.

▲박정희 대통령 탄신 94주년(2011년) 기념일에 출간된 『안철수의 강심장과 **박근혜 DNA**』 경북희망포럼 행사장에서, 이판돌 구미회장이 저자 대신 책을 전하자 활짝 웃는 박 대표

행복에너지가
제안하는
"나눔 프로젝트"

이제 행복에너지와 함께
기부천사가 되어보세요.

스마트폰 어플리케이션을 통해 간편하게!
별도의 부담 없이 생활 속의 기부를 실천하세요.

* 스마트폰으로 기부천사 앱을 다운받아 실행하면 통화 1분당 최고 4원의
기부금이 적립됩니다.
사용자에게는 **별도로 요금이 부과되지 않으며**, 통화시 분당 2원이 적립금
으로 환산되어, 기부천사 사이트에서 이 적립금을 현금처럼
사용할 수 있습니다.
1분을 채우지 못하고 통화가 종료되어도 통화시간은 1초 단
위로 모두 누적되며, 사용자의 기부로 모여진 금액은 각종
공공단체 및 구호기관에 기증됩니다.

개인의 통화요금이 아닌 각 통신사에서 수익의
일부를 기부하는 시스템으로 운영되는 '기부천사'
앱은 **play스토어(구 안드로이드 마켓)**에서
'행복에너지 기부천사'라는 이름으로 검색하
여 다운받아 사용하실 수 있습니다.

"나눌수록 행복해지는 기부문화"
이제 **도서출판 행복에너지**와 함께하세요.

행복에너지 기부천사
앱 다운로드 - QR코드